KB134487

데이터, 민주주의를 조작하다

데이터, 민주주의를 조작하다

빅데이터 알고리즘은 어떻게 여론을 만들고 역사의 경로를 바꾸는가

크리스 샤퍼 지음
김선 옮김

추천사

구본권 한겨레 선임기자, 《로봇시대, 인간의 일》 저자

정보 사회의 모퉁이돌을 놓은 인터넷과 웹의 설계자들은 인간 이성과 기술의 긍정적 영향력을 믿었다. 인터넷 통신규약(TCP/IP)을 설계한 빈트 서프도, 월드 와이드 웹을 고안한 팀 버너스리도 정보의 공유와 개방이 가져올 밝은 미래를 확신했다. 지식과 정보를 장벽없이 모든 사람이 자유롭게 이용하게 되면 인터넷은 인류의 행복과 자유를 증진하는 도구가 될 것이라고 믿었다. 전자프론티어재단(EFF)의 활동가 존 페리 발로는 1996년 사이버 독립선언문에서 "우리는 사이버 스페이스에서 마음의 문명을 건설할 것"이라며 기존의 정부가 만든 세상보다 인간적이고 공정한 세상이 될 것이라고 선언했다. 하지만 정보 기

술과 인간 이성에 대한 순진한 신뢰는 배반당했다.

오늘날 우리는 인터넷과 디지털 기술 발달이 불러온 새로운 위험과 재난에 직면했다. 가짜뉴스로 불리는 허위조작정보에 압도당하고 있는 현실이다. 아이러니다. 인류는 역사상 어느 때보다 평균 교육 수준이 높아졌다. 누구나 손 안에서 모든 정보에 접근해 진위 여부를 검증할 수 있는 도구를 휴대하는 세상이다. 개인들은 더 많이 배웠고 더 강력해졌지만, 전에 없이 어리석어진 셈이다. 문제는 시간이 흘러감에 따라 현재 정보 사회의 병리적 현상이 개선되기보다 오히려 점점 심각해질 것이라는 점이다.

《데이터, 민주주의를 조작하다》는 오늘날 정보 사회의 역설적 현상을 고민하는 이들에게 문제의 본질을 바라볼 수 있게 해주는 책이다. 더욱이 정보 도구를 활용해 강력한 능력을 지녔다고 여기는 개인들이 실제로는 왜 가짜와 조작에 더 취약해졌는지, 민주주의는 왜 위태로워졌는지를 알려준다.

2016년 미국 대통령 선거와 영국의 유럽연합 탈퇴(브렉시트) 국민투표 국면에서 맹위를 떨친 가짜뉴스 현상은 민주주의 선진국들이 '탈진실' 사회로 추락하는 모습을 알려줬다. 4년이 지났지만 탈진실 현상이 사라지기는커녕 새로운 인식틀로 확산하고 있는 현실이다.

저자 크리스 샤퍼는 탈진실 사회에 대한 처방에서 가장 중요하고 본질적인 구조를 건드린다. 인류가 구석기 시대 이후 장구한 세월 동안 빚어 사고구조로 내장시켜온 고유의 인지적 체계가 오늘날 정보 사회에서 역효과와 부작용을 일으키는 현상이다. 샤퍼는 "우리는 역사상 가장 정보가 풍부하고 연결성이 높은 사회에 살고 있지만" 마음이 정보의 풍요를 다루는 방식 때문에 역사상 정보 조작에 가장 취약한 세대가 되었음을 역설한다.

인류는 정보가 희소하던 시절을 살아오면서 더 많은 정보, 더 새로운 정보, 더 충격적인 정보에 주의력을 할당해오고 이를 본능화해서 생존 능력을 키워왔지만, 이제는 이러한 본능 때문에 파멸의 위협에 처했다는 것이 저자의 주장이다. 무한한 정보와 달리 인간의 유한한 정보 수용력은 주의력이 가장 소중한 자원이라는 통찰로 연결된다.

현대 정보 사회의 본질을 '주의력 쟁탈 경쟁'으로 파악하면, 이용자는 자신의 주의력을 어디에 어떻게 할당할 것인지를 판단해야 한다. '주의력 경제'에서 최대의 승리자는 알고리즘과 플랫폼을 통해 거대한 데이터를 활용해 콘텐츠를 만들고 추천하는 거대 정보 기술 기업들이다. 무한 정보 욕구를 지닌 이용자들에게 기업들이 데이터를 기반으로 제공하는 맞춤화 서비스는 이용자들을 통제하는 강력한 도구다. 그리고 비판적 사고력을 상실한 개인들과 데이터를 활용한 통제 기술은 민주주의를 위협하는 도구다.

책은 1부 '프로파간다 문제'에서 정보 기술이 개인의 선택과 민주주의를 위협하는 현실과 그 구조적 배경에 대한 고찰을 통해 문제가 발생하는 원인을 진단한다. 2부 '해킹당한 민주주의'에서 구체적인 사례를 통해 미국과 각국에서 정보 기술을 악용하려는 세력이 어떻게 온라인 여론을 해킹하고 오도해 민주주의를 파국으로 이끌었는지를 설명한다. 온라인 공간에서 움튼 세력이 미국의 '대안 우파'로 진화해가며 현실 세계에서 영향력을 키워가는 과정을 상술한 대목은 흥미진진하기까지 하다.

저자는 우리에게 가장 강력한 영향을 끼치는 힘의 존재와 의도에 대해서 이용자들이 깨닫고 그 영향력을 드러낼 것을 요구한다. 민주주의 사회에 가장 강력한 힘은 시민적 통제 아래 두어야 한다고 믿는 시민들이 알아야 할 내용으로 가득한 책이다.

한국어판 서문

한국에 《데이터, 민주주의를 조작하다》가 소개되어 매우 기쁘게 생각
합니다.

허위조작정보가 전 세계적인 문제인 이유는 그것이 인간의 문제이기
때문입니다. 미디어의 조작과 음모론은 심리학의 산물입니다. 우리는
두려움이나 위기감을 일깨우는 것들과 같이 기본적 생존 본능을 건드
리는 것들에 주의를 기울입니다. 우리는 처음 들은 것, 자주 듣는 것,
주의를 끄는 것, 강한 감정을 끌어내는 것들을 기억합니다. 그리고 우
리의 (시간은 물론!) 주의력은 한정되어 있기 때문에 우리가 접하는 모

든 정보를 일일이 팩트체크하기는 어렵습니다. 인간이라면 누구나 이런 특성이 있습니다. 책 본문에서 사례들을 통해 보다 분명하게 밝히고 있듯이, 허위조작정보는 미국이나 러시아, 중국이나 한국에만 국한된 문제가 아닙니다. 우리 모두가 직면한 문제이고, 우리 모두가 함께 직면해야만 하는 문제입니다.

허위조작정보가 전 세계적인 문제인 또 다른 이유는 그것이 기술의 문제이기 때문입니다. 기술 덕분에 우리는 충분히 이해할 수 있는 것보다 훨씬 더 많은 정보에 접근할 수 있게 되었습니다. 알고리즘은 우리가 가진 편견을 강화하고 나아가 증폭시킵니다. 그리고 인터넷으로 전세계의 어느 곳에나 쉽게 접근할 수 있기 때문에, 악의적인 행위자들(심지어 정부들)은 최소한의 비용으로 큰 영향력을 행사할 수 있게 되었습니다. 마찬가지로 인터넷이 없었다면 고립되어 있었을 극단주의자들이 비슷한 생각을 가진 사람들과 온라인 커뮤니티를 만들고 때로는 테러도 불사하는 전 세계적인 운동을 벌일 수 있게 되었습니다.

그러나 문제가 전 세계적이라면, 해결책 역시 전 세계적이어야 합니다.

외로운 극단주의자들이 인터넷으로 작당을 할 수 있듯이, 선한 일을 하는 액티비스트들도 인터넷으로 연대할 수 있습니다. 인터넷으로 다른 나라의 정치에 개입할 수 있듯이, 인터넷으로 국경을 넘어 평화롭게 협력할 수 있습니다.

저는 예전에 대학에서 강의를 할 때, 협력을 강조하곤 했습니다. 학생들에게 "오늘날 세계의 중요한 문제들은 어느 한 사람의 머릿속에서 해결되기에는 너무 거대합니다. 그 문제들을 해결하기 위해서는 힘을 모아야 합니다"라고 말했습니다. 이제 여기서 한 걸음 더 나아가고자 합니다. 오늘날 세계의 중요한 문제들은 어느 한 문화나 언어권에서 해결하기에는 너무 거대합니다. 우리 시대의 중대한 문제들을 해결하고자 한다면, 각자의 이질적인 문화와 언어, 전통에서 얻을 수 있는 모든 것들을 한데 모아야 합니다. 기후위기에 대응하고 코로나19 팬데믹을 극복하기 위해서 그래야 하듯이, 프로파간다에 대응하고 정보의 온전함을 회복하기 위해서도 그래야 합니다.

이런 점을 염두에 두고 《데이터, 민주주의를 조작하다》의 한국어판이 국경을 넘어서 더 많은 대화와 협력을 촉진할 수 있기를 바랍니다. 비관할 만한 이유는 많지만 (그리고 이 책을 쓸 당시보다 아마 지금 더욱 그런 것 같지만) 여전히 희망을 잃지 말아야 할 이유도 있습니다. 그래서 이 책을 마무리 지었던 지점에서 이 서문도 마무리 지으려고 합니다. 우리 손 안에 있는 기술을 선한 방향으로 이끌 수 있다는 희망을 가진다면, 소셜 미디어 시대는 죽음을 알리는 종소리가 아니라 아침을 알리는 알람소리가 될 수 있습니다.

새로운 기술은 그 지체로 좋지도, 나쁘지도, 중립적이지도 않습니다. 하지만 기술은 우리 인류가 스스로를 비춰 보는 거울입니다. 쉬운 일은 아니겠지만, 저는 아직도 우리가 기술에 인간의 좋은 면을 담아내고 그 기술로 진정한 공익을 실현할 수 있다고 믿습니다. 하지만 그러기 위해서는 각자의 삶에서 기술이 어떤 역할을 하든지 간에, 우리 모두(개발자, 과학자, 입법자, 사용자 혹은 미국인, 한국인, 중국인, 남아프리카인)가 최선을 다해야 합니다.

여러분도 함께 하시겠습니까?

크리스 샤퍼

2020년 10월
미국 콜로라도

Blessed are the peacemakers.

감사의 말

이런 책의 감사의 말은 어떻게 써야 할까? 이 책을 내기 위해 연구하고 집필하는 과정에서 배운 것이 있다면, 그건 바로 어떤 말들은 개인적으로, 가능하다면 얼굴을 보고 해야 한다는 것이다. 그래서 공개적으로 언급하는 대신에 이 책과 관련해서 가르침과 깨달음, 도움을 주었던 모든 사람에게 직접 손으로 편지를 쓰기로 했다. 그 편지를 술과 음식을 곁들인 자리에서 직접 전달할 수 있기를 바란다.

그러나 따로따로 마음을 전달하기에는 수가 너무 많아 여기에서 특별히 감사의 말을 전하고자 하는 사람들이 있다. 그건 바로 나에게 엄청나게 큰 영향을 주고 동기를 부여해 준 나의 학생들이다. 지난 몇 년간 여러분의 성실한 학업 태도, 반짝이는 아이디어, 세상을 더 좋은 곳으로 만들고 싶다는 소망에 큰 감동을 받았다. 여러분 모두가 우주에 자신의 흔적을 남기고 아주 약간이라도 인류를 옳은 방향으로 이끌 수 있기를.

차례

1부   프로파간다 문제

2부　해킹당한 민주주의

일러두기

1. 이 책은 다음 책을 완역한 것이다. Kris Shaffer, *Data Versus Democracy: How Big Data Algorithms Shape Opinions and Alter the Course of History*, Berkeley, CA:Apress (2019).
2. 인명, 지명, 작품명 등 외래어는 국립국어원의 외래어 표기법을 따랐다. 전문 용어는 국내 전문 서적에서 다수 채택한 전문 용어를 사용하였다.
3. 저자 주는 후주로 삽입하고 옮긴이 주는 설명 정도에 따라 본문에 대괄호[ ]로 삽입하거나 각주로 삽입하였다.
4. 단행본, 신문·잡지명은 겹화살괄호《 》, 기사·음악·영화는 홑화살괄호〈 〉로 표기하였다.

들어가며

결핍에서 풍요로

간략한 정보의 역사와 프로파간다 문제

정보가 있는 곳에는 항상 허위조작정보가 있었다. 광고가 있는 곳에는 항상 소비자들을 **심리통계학적 프로파일링*** 기법을 통해 분류하려는 시도가 있었다. 인쇄기가 발명된 이래로 대중매체가 사람들을 도덕적으로 타락시킨다는 우려가 계속됐다. 그러나 2010년대에 들어서면서 새

---

*psychographic profiling. 프로파일링은 인간을 특정한 기준에 따라 분류하고 이를 기준으로 각 집단 간 행동의 차이를 예측하는 것을 말한다. 기존에 우리에게 익숙한 인구통계학은 연령, 성별, 소득 수준, 직업, 거주 지역 등을 분류의 기준으로 삼았다. 그러나 인터넷 사용이 늘어나고 관련 데이터 수집 및 분석 기술이 발달함에 따라 각광받게 된 심리통계학은 관심사, 가치, 태도, 취미, 선호 등 행동의 동기를 설명해 줄 수 있는 인지적 요인을 기준으로 보다 개인화된 분석을 제공한다.

로운 상황이 펼쳐졌다. 정보는 십 년 혹은 이십 년 전만 해도 상상할 수도 없었던 방식으로 풍부해졌고, 개인의 데이터 프로필을 기초로 알고리즘에 따라 콘텐츠를 선택하는 추천 엔진이 현대 미디어 환경을 지배하고 있다. 본론에 들어가기 전에, 이렇게 달라진 환경에 대한 잘못된 이해를 바로잡고 문제의 핵심에 집중하고자 한다. 정보의 풍요, 심리학, 사용자 데이터 프로파일링, 미디어 추천 알고리즘이 교차하는 곳에 문제의 핵심이 있고, 현대 사회에서 프로파간다가 살아남을 방법을 찾고 있는 곳 역시 바로 여기다.

현재 상황

검색 엔진을 사용해 필요한 이미지를 찾아본 적이 있는가? 그럴듯한 블로그 대문 사진이나 크리스마스 카드에 넣을 그림, 아니면 회사의 행사 안내장 배경이 필요했던 적이 한 번쯤은 있었을 것이다. 그때 전문적인 스톡 이미지 사이트에 접속해 검색어를 잘 골랐다면 꽤 만족할 만한 결과를 얻었을 것이다.

하지만 일반적인 검색 엔진에서 고유 명사가 아니라 보통 명사의 이미지를 찾아본 적도 있는가? 해 본 적이 없다면 한번 해 보자. 의사, 간호사, 교수, 선생님의 이미지를 검색하면 무엇이 나오는가?

아마도 꽤 노골적으로 정형화된 이미지들이 나왔을 것이다. 칠판 앞에서 모직 자켓을 입고 강의하는 백발의 교수, 역시 칠판 앞에서 의욕 있는 학생들을 향해 웃고 있는 선생님, 하얀 가운을 입고 청진기를 솜씨 좋게 휘두르며 환자의 차트에 뭔가를 적고 있는 의사, 파란 수술복을 입고 차트와 의료기구를 익숙하게 다루는 간호사. 이런 사진이 당신이 얻은 검색 결과일 것이다.

그런데 현실의 학교와 병원을 가보면 이런 이미지에 부합하는 사람은 거의 없다. 대부분의 학교는 오래전에 칠판을 버리고 화이트보드나 전자 프로젝터를 사용하고 있다. 줄을 맞춰 앉은 학생들을 앞에 앉혀 두고 강의를 하는 것도, 특히 학생들이 어린 경우에는 드문 일이 되었다. 게다가 이와 같은 직업에 종사하는 사람들은 검색 결과로 나온 이미지보다 확실히 더 캐주얼하고 개성 있게 옷을 입는 경향이 있다.

검색 엔진은 우리에게 현실 그대로를 보여주지 않는다. 단지 우리가 볼 것이라고 기대하는 결과를 보여줄 뿐이다. 검색 결과들은 인간에 대한 프로그래밍, 사용자와 상호작용하며 얻은 데이터, 이 두 가지 사이에서 반복되는 피드백 루프를 조합하여 얻어진다. 그래서 검색 결과들은 점점 우리가 마음속에서 일반화한 결과와 비슷해진다. 우리 마음속에 있는 고정관념이 우리가 무엇을 클릭할지를 결정하고, 그 클릭이 검색 엔진의 알고리즘이 사용할 미가공 데이터raw data를 만든다. 알고리즘은 우리의 클릭에 기반하여 기대되는 사용자의 행동을 일반화하고, 그 데이터에 근거하여 우리가 가장 클릭할 것 같은 검색 결과를 제공한다. 우리가 인지하고, 일반화하고, 검색하고, 클릭하면 기계는 그 클릭을 인지하고, 일반화하고, 검색 결과로 돌려준다.

여기서 끝이 아니다. 검색 결과들은 웹과 인쇄물에서 다시 활용된다. (애초에 왜 검색을 했겠는가?) 그 이미지들은 우리 세계관의 배경이 되고 우리 마음이 형성하는 일반화에 더욱더 기여한다. 이렇게 무한한 루프가 만들어진다: 인간의 인지 → 인간의 일반화 → 인간의 행동 → 기계의 인지 → 기계의 일반화 → 기계의 행동 → 인간의 인지 → 인간의 행동……. 이 피드백 루프의 고정관념은 각 단계마다 더욱 정형화된다. 현실은 사라진다. 보다 정확히 말하면, 고정관념이 미디어 환경의 일부가 되기 때문에 실질적인 의미에서 현실이 만들어지는 것이다.

그런데 이 검색 결과에서 또 다른 이상한 점을 눈치챘는가?

전체 의사 중에 남자는 몇 명이고 여자는 몇 명인가? 간호사는 어떤가? 《월스트리트저널The Wall Street Journal》에 따르면, 2012년 미국의 의사 중 32%가 여성이고 그 비율은 증가하고 있다.[1] 이 비율이 당신의 검색 결과와 일치하는가? 미국의 국립교육통계센터The National Center for Education Statistics에 따르면 미국의 종신 교수의 49%, 비종신 교수의 57%가 여성이다.[2] 이 역시 검색 결과와 비슷한가?

검색 결과가 현실보다 고정관념에 더 부합하는 이유 중에는 우리 뇌의 문제도 있다. 뇌는 우리가 세상에서 인지하는 것들을 일반화하고, 그 덕분에 우리는 세상에 대해 예측할 수 있고, 이 예측을 토대로 세상과 보다 효율적으로 상호작용할 수 있다. 인지과학자들은 우리의 뇌가 스키마*라고 불리는 일반화를 형성할 때 부분적으로는 다른 스키마들과 대조하면서 그 스키마를 정의하려는 경향이 있다는 것을 밝혀

---

*schema. 어떤 개념이나 대상에 대한 기본적인 지식의 모음으로 인간이 세상을 인식하고, 이해하고, 상상하고, 문제를 해결하는 데 있어서 가이드 역할을 하는 정신적인 구조를 말한다.

냈다. 다시 말해 우리는 대상들의 차이를 강조하여 실제 현실에서보다 우리 마음 속에서 더 뚜렷하게 구분해 인식한다. 이렇게 마음 속에서 아이디어와 카테고리를 정의하는 방법은 대체로 유익하지만, 때로는 정형화된 미디어를 포함해서 우리가 마주하는 환경의 편견을 강화하는 부작용을 낳기도 한다. 그리고 인간의 일반화, 기계의 일반화, 미디어 재현의 피드백 루프가 온라인에서 벌어지면 편견은 빛의 속도로 전파되고 강화된다.

미디어, 기억, 정체성, 사회는 모두 연결되어 있다. 우리가 세계와 소통하는 방식은 무엇이 진짜이고 가짜인지, 어떤 것이 어디에 속해 있는지에 대한 **심상지도**mental map[객관적인 지식이 아닌 주관적인 인식에 기반한, 세계에 관한 정신적인 형상화—옮긴이]에 의해 직접적으로 영향을 받는다. 그 지도는 (인간이 진화해 온 수십만 년의 역사에서 약간의 도움을 받아) 주로 우리의 경험을 근거로 만들어지지만, 점점 더 우리가 소비하는 미디어의 영향을 받고 있다.

'점점 더'라고 한 이유는 우리 뇌의 무엇인가가 변했기 때문이 아니라 지난 백 년, 아니 지난 십 년 동안 너무 극적으로 미디어 환경이 변했기 때문이다. 정보와 미디어는 예전에는 사막의 물처럼 부족했지만 지금은 홍수가 난 것처럼 어디에나 넘치게 존재한다. 대부분 사람들에게 정보와 미디어에 대한 접근성은 급속도로 확장되었다. 우리는 모든 것을 점점 더 미디어를 거쳐서 경험하고 있다.

주의력 한계

하지만 중요한 한 가지는 변하지 않았다. 뇌를 포함한 인간의 몸이 갖는 한계 말이다. 물론 20세기를 지나며 대부분의 나라에서 영아 사망률[3]과 기대 수명[4]은 매우 개선되었고, 과학적이고 인도주의적인 발전의 결과로 많은 사람들의 삶의 질 역시 향상되었다. 그러나 뇌와 몸, 기억과 감각의 상호 작용인 인간의 인지체계가 대강 현재의 형태를 갖춘 것은 수만 년 전이다.[5] 그 이후로 지금까지 우리의 뇌가 저장할 수 있는 정보의 양과 의식적인 주의력의 한계는 변함이 없었다.

그런데 모든 미디어가 우리의 관심을 끌려고 애쓰면서 주의력은 가장 소중하면서도 가장 무시받는 자산이 되었다.

잠시 검색 엔진의 세계로 다시 돌아가보자. 검색 엔진은 해킹당할 수 있다. 보안이 완전히 뚫린다는 것이 아니라 (물론 당연히 가능한 일이긴 하지만), 특정한 목적을 달성하고자 하는 사용자들이 조작할 수 있다는 뜻이다. 사람들이 클릭한 것이 검색 결과 순위를 (부분적으로) 결정하듯이, 사람들이 검색하는 용어가 (부분적으로) 타자를 칠 때 자동완성으로 뜨는 용어를 결정한다. (심심할 때 구글에 가서 당신의 나라나 사는 지역을 검색해 보라. '왜 ○○은'이라고 치면 당신이 그 문장을 어떻게 완성하기를 원하는지에 대한 구글의 생각을 알 수 있다.) 검색 엔진에 입력한 검색어가 자동완성 용어를 결정한다면, 어떤 집단은 자동검색 결과를 지배할 때까지 시간을 들여 반복해서 같은 것을 검색할 수 있다. 이 경우 점점 더 많은 사람들이 그 결과를 보고 영향을 받고 클릭하게 될 것이다.

이것이 바로 2016년에 일어난 일이다. 소위 대안 우파alt-right(백인 우월주의, 반유대주의, 남성성 과잉의 반여성주의와 같이 혐오에 기반한 입장을 지지하는 극단적 우파)라고 불리는 집단이 인종주의적인 검색 결과와 친대안 우파적인 메시지를 제안하도록 구글의 자동완성 기능을 성공적으로 조작해 낸 것이다.[6] 구글은 조작되었다는 것을 눈치채고 나서 시스템을 변경했지만, 해킹의 위협에서 완전히 자유로운 시스템은 없다.

심지어 인간의 마음도 그러하다.

인지적 해킹

시스템이 부분적으로든 전체적으로든 통계에 근거해 결론을 도출한다면 누군가는 그런 시스템의 속성을 자신에게 유리하게 이용하려고 통계를 조작할 수 있다. 인간의 뇌도 이렇게 작동한다. 우리가 인지하는 것들은 일반화된 스키마로 종합되고 새로운 정보에 따라 스키마는 계속 변한다. (물론 더 확고하게 자리잡은 스키마는 더 느리게 변한다.) 뇌의 통계적 입력을 바꿈으로써 '해커'는 우리 뇌가 형성하는 스키마에 영향을 줄 수 있다. 이 인지적 해킹은 사물을 어떻게 정의하는지 뿐만 아니라, 그것과 무엇을 연관시키고 그것에 대해 얼마나 긍정적 혹은 부정적으로 반응하는지에도 영향을 미친다. 대안 우파 구글 해커들이 플랫폼에 영향을 미칠 수 있는 수많은 구글 사용자의 일부였던 것처럼, 인지적 해커들 역시 극히 소수더라도 특정 이슈에 관해 우리가 소비

하는 미디어의 충분히 많은 부분을 조작할 수 있다면 우리의 심상지도
(와 이것이 영향을 미치는 행동)에 상당한 영향을 줄 수 있다.

"이건 러시아 사람들이 하는 짓이잖아!"라는 생각이 먼저 떠올랐
겠지만, 고의성이 없는 인지적 해킹들도 많다는 것을 알 필요가 있다.
(이 책 후반부에서 러시아 정부가 지원한 작전들도 다루겠지만, 그건 거대
한 문제의 일부일 뿐이다.) 즉, 우리가 매일 사용하는 미디어 플랫폼의
구조 자체가 우리가 세계를 인지하는 방식에 영향을 미친다.

예를 들어 미디어가 사람들에게 강한 감정적 반응을 끌어낼수록,
특히 그 감정이 분노라면 사용자들은 더욱 미디어에 관심을 가지고 참
여한다.[7] 소셜 미디어 플랫폼은 사용자의 '관심과 참여(클릭, 좋아요, 즐
겨찾기, 공유, 분노 이모지 등)'를 극대화하려는 알고리즘에 기반해 콘텐
츠를 전달한다. 점점 더 많은 사람들이 이런 플랫폼을 통해 뉴스를 소
비하고 있다.[8] 관심과 참여를 극대화하려는 시도들은 자주 강렬한 감
정, 특히 분노를 극대화하는 방식을 취하게 된다. 그래서 온라인에서
는 당연히도 정치적 이슈에 대한 감정이 격화되고, 개별 입장 간의 미
묘한 차이(뉘앙스)는 줄어들고, 이념적인 입장들이 중간으로부터 멀어
져서 치우치는 양극화 현상이 증가하고 있다.

데이터와 데이터 생산자가 상상 이상의 속도로 증가함에 따라 우
리의 주의력을 두고 경쟁이 치열해지고 있다. 그리고 이로 인해 우리
는 더욱더 강렬한 감정을 유발하는 것에 관심을 갖게 된다. 2013년에
과학자들은 전세계 데이터의 90%가 직전 2년 동안에 생산됐다고 추
산했다.[9] 2015년 페이스북 사용자 수는 2008년 전체 인터넷 사용자

수보다 많다.[10] 게다가 TV가 많은 가정에 보급되었고 다른 휴대용 디지털 기기들도 널리 사용되고 있다. 이렇게 사회는 시청각 미디어로 찌들어 있는데 우리는 이 미디어들을 수용할 능력을 제대로 갖추지 못했다. 상업적 미디어들은 우리의 주의력을 두고 경쟁하면서 각자 더 잘하려고 애쓰고 있다. 결과적으로 인지적 조작에 대한 일종의 디지털 군비 경쟁이 일어나고 미디어가 경쟁적으로 우리의 관심을 얻고자 하면서 위험과 양극화가 심해지고 있다.

양극화 현상은 단지 감정 때문에 발생한 것만은 아니다. 사람들은 자신의 관점을 강화하는 것에 관심을 가지고 참여하는 경향이 있다. 과학자들은 이를 **확증 편향**confirmation bias이라고 부르는데, 이미 무언가에 동의하고 있다면 그것과 관련해 무언가 좋은 것이 있다고 생각하는 경향을 의미한다. 이것은 자기 생각의 정확성을 확인하려는 것(내가 옳았다는 것을 입증하는 새로운 정보를 발견하는 것은 어쨌든 기분 좋은 일이다)과 다른 입장을 가진 사람들의 부정확성을 입증하려는 것을 포함한다. 우리는 진화 과정에서 스스로의 잘못으로 인해 놀라게 되는 상황을 싫어하고 그런 상황을 피하려는 중요한 성향을 지니게 됐다. 과거에 이런 상황은 주로 포식자에게 공격당할 수 있는 위험한 상황이었다. 그러나 지금은 이렇게 위험한 상황이 아님에도 우리는 진화로 인해 갖게 된 성향 때문에 온라인으로 정치 토론을 하면서도 개인 차원과 사회 차원에서 지적, 윤리적, 도덕적으로 성장할 수 있는 상황을 피한다. 미묘한 차이를 기피하고 확증 편향에 굴복함으로써 우리는 중간으로부터, 그리고 우리와 동의하지 않는 사람들로부터 멀어진다. 인터넷 덕분에 넓은 정보 기반 위에서 의견을 정립할 수 있게 되었지만, 동시에 나만의 **메아리 방**[*]을 짓게 되었다. 이 착각을 내버려 둔다면 사회는 점점 파편화될 것이고 다른 이념을 가진 사람들이 합의점을 찾는 일은 더 어려워질 것이다.

우리는 역사상 가장 정보가 풍부하고 연결성이 높은 사회에 살고 있지만, 우리 마음이 정보의 풍요를 다루는 '자연스러운' 방식 때문에 아마도 역사상 프로파간다에 가장 취약한 세대가 되었다. 하지만 이것이 '자연스러운' 방식이라는 점을 강조하려고 한다. 선조들이 수많은 위협과 싸우며 어렵게 얻은 우리의 유전적 성향은 많은 점에서 멋진 선물이다. 하지만 동물에게 잡아먹힐 위험은 거의 없어도 누군가는 미디어를 사용하여 우리의 주의력을 조작해서 마음과 행동에 영향을 미치려는 시대에, 우리는 오늘날의 문제를 해결하는 데는 적합하지 않은 도구들을 '자연스럽게' 장착하고 있다. 인간은 본능적으로 포식자가 갑자기 뒤에서 나타날 때나, 영양이 부족한 상태에서 먹을 것이 많이 생겼을 때 무엇을 해야 하는지 안다. 하지만 디지털 허위조작정보에 관해서는 본능적으로 알고 있는 것이 없다.

그러나 우리는 진화를 통해 배우고 분석하고 추론하고 소통하고 논리적으로 설득하는 능력도 얻었다. 이런 능력은 자동으로 작동하지

---

*echo chamber. 자신의 신념을 반영하거나 강화하는 정보와 의견만을 접하는 미디어 환경을 뜻하는 말로, 반향실 효과라고도 부른다. 특히 소셜 네트워크 서비스에서는 자신의 생각에 부합하는 메시지에만 반복적으로 노출되고 그런 메시지가 상호작용 속에서 증폭되면서 이 효과가 두드러지게 나타난다.

는 않지만 우리가 마음을 적절하게 이끌고 적합한 방법으로 적당한 시점에 우리의 주의력을 제어한다면, 조작에 저항하며 더 나은 사회를 만들 수 있을 것이다. 여기에는 노력이 필요하다. 그전에 문제에 대한 이해가 먼저 필요하다.

이것이 우리가 본격적으로 알아보려는 것이다.

우리가 향하는 곳

'프로파간다 문제'를 분석하는 것으로 본문을 시작하려고 한다. 왜 우리의 의식적 주의력은 그렇게 제한적인가? 그리고 얼마나 제한적인가? 디지털 시대에 정보에 관심을 가지고 참여하는 방식은 무엇을 암시하는가? 이러한 질문에 답하면서 소셜 미디어와 (넷플릭스나 아마존 같은) 다른 콘텐츠 추천 시스템의 토대가 되는 알고리즘을 탐험해 볼 것이다. 추천 시스템은 기술적으로 어떻게 작동하는가? 인간 인지체계의 강점 및 한계와 어떻게 상호작용하는가? 그리고 이 시스템은 어떻게 우리의 생각과 행동을 해킹하는가?

그런 후에 소셜 미디어에 기반한 조작이 대중의 의식에, 나아가 대중의 행동에 큰 영향을 미친 몇 가지 사례를 살펴볼 것이다. 트위터와 바인Vine〔짧은 영상을 촬영하여 트위터에 공유하는 앱, 2016년에 서비스를 종료함—옮긴이〕에서 조직, 확산되어 블랙 라이브즈 매터Black Lives Matter 운동이 성장하는데 기여한 퍼거슨 시위Ferguson protests와 게이머게이트Gamergate라고 알려진 트위터에서 일어난 여성 게임 개발자들과 비평가들에 대한 조직적인 괴롭힘을 살펴볼 것이다. 이어서 우크라이나, 스웨덴, 미국, 터키, 브라질, 필리핀, 미얀마, 멕시코, 콜롬비아에서 최근의 선거와 정치적 폭동에 영향을 미쳤던 국내외의 **여론 공작**influence operation들을 다룰 것이다.

우리는 전에 본 적 없는 새로운 시대에 살고 있다. 새로운 도구들과 정보, 개인 간의 연결을 활용해 우리는 놀라운 일들을 해낼 수 있다. 하지만 불을 발견했을 때나 핵에너지를 사용할 때 그랬던 것처럼 우리는 새롭게 발견한 디지털 기술로 또 다른 재난을 만들어낼 수도 있다. 물론 그 재난이 어떤 모습일지는 아직 제대로 예상조차 되지 않는다. 디지털 기술은 선하게 쓰일 수도 있고 악하게 쓰일 수도 있으며 혹은 장난감으로 다뤄질 수도 있다. 그러나 디지털 기술을 단순한 놀잇감으로 치부하는 것은 나쁜 의도로 그 기술을 사용하려는 사람들에게만 좋은 일을 하는 셈이다. 조금의 교육과 규제, 많은 주의가 이뤄진다면 디지털 기술을 희망의 빛으로 바꿀 수 있다.

그래서 이 책의 목적은 디지털 기술에 대한 교육과 주의는 물론, 규제까지도 장려하는 것이다. 우리가 힘을 합쳐서 제대로 한다면 놀라운 일을 이뤄낼 수 있을 것이다.

그러니까 이제 시작해보자.

1부

프로파간다 문제

1장

주의력을 기울여라

정보가 넘쳐나면 미디어를 소비하는 방식이 어떻게 변하는가

이 장에서는 정보 경제에서 주의력 경제로 이동한다는 것이 어떤 의미인지를 설명하고 정보가 인터넷에서 생산, 공유, 소비되는 방식이 어떤 함의를 가지는지 이야기할 것이다.

정보가 풍족한 시대가 되면서 정보는 이제 더 이상 경제를 이끄는 충분히 환금성 있는 재화가 아니다. 대신 인간의 주의력이 공급이 부족한 환금성 재화라는 점에 관심이 쏠리면서 이제 정보 환경과 경제에서 중추적인 역할을 하는 것은 콘텐츠 추천 알고리즘이 되었다. 이와 함께 이런 알고리즘이 등장한 일반적인 경제적, 인지적, 기술적 배경에 대해서도 설명할 것이다.

취향은 어떻게 만들어지는가

어떤 디저트를 가장 좋아하는가? 나는 밀가루가 안 들어간 초콜릿 케이크를 라즈베리, 블랙베리, 아이스크림과 함께 먹는 것을 좋아한다. 물론 에스프레소나 아메리카노처럼 향이 풍부하고 진한 음료와 같이 먹으면, 매번 입 안을 닦아내 주기 때문에 처음 먹었을 때처럼 계속 풍부한 맛을 느낄 수 있어서 더욱 좋다.

이 두 문장을 쓰는 동안 살이 몇 킬로그램은 찐 것 같다. 왜 맛있는 것들은 다 그렇게 건강에 나쁜 걸까? 아니 진짜 그럴까?

처음 대학에서 진화심리학을 공부할 때, 인간은 일반적으로 자기에게 유익하고 안전한 것을 선호하도록 진화했다고 배웠던 것이 기억난다.[1] 유전자를 물려줄 수 있도록 적어도 아이를 낳을 나이까지는 살아 남게 도와주는 것들 말이다. 인간은 긍정적인 감정과 연관된 것은 더 자주 하려 하고, 부정적인 감정과 연관된 것은 피하려는 경향이 있다. 우리는 고통보다 쾌락을 추구하며 번식과 생존에 도움이 되는 것을 좋아했던 인간의 후손이다. 위험에 빠뜨리는 것들을 좋아했던 조상들의 유전자는 미래 세대로 덜 전달됐을 것이다. 그 결과 21세기 인류가 물려받은 유전자는 인간에게 유익한 것에는 쾌락을 느끼지만 생존을 위협하는 것에는 고통을 느끼도록 만들어졌다.

이렇듯 인간은 생물학적으로나 사회적으로 좋은 것을 감정적으로 선호하며, 이는 음식에도 마찬가지다. 우리에게 좋은 음식은 즐거움을 주고, 나쁜 음식은 맛이 없거나 구역질을 유발하는 경향이 있다.

잠깐만 앞으로 돌아가보자. 아까 맛있는 것은 왜 다 건강에 나쁘냐고 한탄하지 않았나?

이 진화의 퍼즐에는 또 다른 조각이 있다. 이렇게 진화하면서 형성된 선호는 우리의 선조가 환경에 살아남아 '적응'하게 만들었다. 선조들의 환경 말이다. 다시 밀가루가 안 들어간 초콜릿 케이크로 돌아가보자. 재료가 무엇인가? 코코아, 설탕, 소금, 버터, 계란 많이. 영양학적으로 말해서 비타민, 미네랄, 섬유질같이 요즘 우리가 많이 주워듣는 것들은 거의 없다. 대신 많은 탄수화물(정확히 말해서 단당), 지방, 단백질이 있다. 이것도 현대의 영양학자들이 말하는 것이기는 하다. 과체중, 비만, 심장 질환, 당뇨, 신장 질환, 심지어 잇몸 질환과 충치의 원인이라고 말이다. 이 성분들은 음식 피라미드의 맨 꼭대기에 있어 적당히 먹어야 한다.

우리는 왜 적당히 먹어야 하는 음식에 이렇게 강하게 끌리는 걸까? 부유한 나라에 사는 사람은 하루에 2천 칼로리는 쉽게 섭취할 수 있다. 하지만 음식에 대한 취향을 결정하는 유전자는 오늘날과 같은 풍요의 시대에 만들어진 것이 아니다. 그 유전자들은 수백만 년 전의 구석기 시대 이후로 거의 변하지 않았다.[2] 은유적 의미에서 우리의 입은 마트, 패스트푸드점, 레스토랑, 포트럭 파티, 냉장고가 생기기 전에 심지어 농업이 시작되기도 전에 발달된 것이다. 인간이 트랙터, 쟁기, 안장, 심지어 활과 화살을 만들기도 전에 현대의 인류가 어떤 음식을 좋아할지가 유전자 코드에 새겨졌다.

오늘날에는 탄수화물, 지방, 단백질을 과하게 먹으면 위험하다고 강조하지만, 우리 몸이 에너지를 생산하고 근육을 만들어 제대로 작동하는 상태를 유지하는 데는 필수적인 성분이다. 현대 사회에서는 이런 성분들을 섭취하는 것이 상대적으로 쉽다. 농업과 축산업이 발달했고 음식과 그 영양분을 장기간 보존할 수 있는 기술이 있기 때문이다. 그러나 15만 년 전 아프리카 사바나에 살던 우리 조상들에게는 이런 기술이 없었다. 탄수화물, 지방, 단백질이라는 필수 영양소들은 늘 엄청나게 부족했다. 필수 영양소를 섭취하며 만족한 선조들은 계속해서 이를 먹기 위해 노력했을 것이고, 아마도 그 때문에 살아 남았을 것이다. 많은 인류가 굶어 죽기 직전의 상태로 살던 시대에 그런 귀한 음식을 찾아낸 사람들은 살아남아서 유전자를 우리에게 물려줄 수 있었다. 우리는 생존자들의 유전자와 함께 당시 생존에 필수적이었던 그들의 취향도 물려받은 것이다.

그래서 우리가 밀가루가 안 들어간 초콜릿 케이크 따위를 좋아하는 것이다. 우리 조상들이 초콜릿 케이크를 좋아하도록 진화한 것이 아니라, 희소하지만 생존에 꼭 필요한 영양소들을 선호하도록 진화했고, 초콜릿 케이크는 이 영양소들의 완벽한 조합이기 때문이다.

앞에 언급한 대로 우리의 유전자는 구석기 시대 이후로 별로 바뀌지 않았다. 그것은 인간이 유전자 코드를 새로 쓰기에는 너무 풍족한 시대에 살아서 그렇다. 대부분의 인간이 더 이상 굶어 죽기 직전의 환경에서 살지는 않기 때문에 음식과 관련된 자연 선택은 일어나지 않는다. 진화로 유전적 결함이 있는 개체가 죽는 것이 아니라, 유전적 결함이 있는 개체가 죽어서 진화가 일어나는 것이다. 알레르기를 예로 들어보자. 나와 아내는 둘 다 백 년 전에 살았었다면 아이를 낳기도 전에 심한 쇼크 증상을 동반하는 아나필락시스anaphylaxis로 죽었을 정도로 알레르기가 엄청 심하다. 그러나 현대 의학 덕분에 우리는 살아남았다! 우리는 아이들에게 알레르기 유전자를 물려주었고 아이들은 태어난 뒤 몇 년 동안 의사의 도움이 필요한 심각한 상황을 겪기도 했다. 인간이 멸종 위기에 처하지 않는다면 건강에 도움이 되는 선호는 진화로 이어지지 않는다. 그래서 먼 과거에 우리 선조에게 유리했던 것이 오늘날까지 우리의 선호를 지배하는 것이다.

수요와 공급: 더 이상 정보 경제가 지속될 수 없는 이유

그래서 '이 이야기가 빅데이터, 가짜뉴스, 프로파간다랑 무슨 상관이 있는건데?'라고 묻는 소리가 들린다. 모든 점에서 그렇다.

우리 조상들의 음식에 대한 취향은 음식이 부족하던 시대에 결정되었다. 필수적이지만 희소한 영양소들을 선조들은 가장 좋아하며 먹기를 원했다. 그러나 이제 이 취향들은 풍요의 시대에 더 이상 맞지 않는다. 특히 적당한 양은 꼭 필요하지만 많이 먹으면 해로운 경우 더욱 그렇다. 인간의 자연적인 본능은 오늘날과 같은 풍요의 시대에 도리어 위험 요인이 되었다.

정보를 소비하는 방식도 다르지 않다. 우리가 정보를 다루는 방식은 정보가 부족하거나 적어도 비쌌던 시대에 진화된 역사와 교육에 기반한다. 그리고 우리의 감각과 뇌의 연결을 지배하는 인지체계의 대부분은 심지어 호모 사피엔스가 되기도 전에 진화된 것이다.[3] 우리의 유전적 코드는 대부분 인쇄기, 대중 매체, 라디오, TV, 알고리즘에 기반한 뉴스피드는 말할 것도 없고, 문자가 발명되기 훨씬 전에 꽤 제대로 자리를 잡았고 변하지 않았다.[4] 현실을 파악하고 위험한 것과 안전한 것을 구분하는 우리의 본능은 우리가 지금 살고 있는 미디어 환경에 적응하지 못하고 있다. 정보가 부족한 시대에 맞게 만들어진 본능으로 현대의 미디어를 소비하는 것은 마치 소방호스로 물을 마시려고 하는 것과 같다.

무엇보다도 우리들 대부분은 인터넷이 없던 시절에 인터넷 없이 사는 방식을 교육받았다. 컴퓨터가 없던 시절에 공공 도서관에서 읽은 책 내용의 진위 여부를 판단하는 도구나 기법들은 인터넷 시대에 맞지 않는다. 간단히 말해서 우리들 대부분은 인터넷에서 어떻게 팩트체크를 해야 하는지 모른다. 게다가 스스로 팩트체크를 해야 한다고 자각하지도 못한다. 손가락 터치 한 번으로 읽고 있는 모든 것을 공유할 수 있는 소셜 미디어 플랫폼에서는 문제가 더욱 심각해진다. 무비판적인 미디어 소비가 무비판적인 미디어 생산으로 이어지기 때문이다. 무언가를 읽을 때 '쓰레기' 같은 내용을 걸러내지 않으면 더 많은 '쓰레기'를 의도치 않게 떠넘기는 셈이다. 그렇게 되면 소셜 미디어의 스트림은 그냥 소방호스가 아니라 더러운 물로 가득 찬 소방호스가 된다. 자신을 계발할 만한 무언가를 여기서 찾는다는 것이 거의 불가능해지는 것이다.

이러한 전환은 단지 진화나 교육에만 해당되는 것은 아니다. 경제에 관한 것이기도 하다. 누구나 산업혁명에 대해서 배웠을 것이다. 산업혁명 시기에 봉건적이고 농업에 기반한 경제(와 그에 동반한 사회적 질서)는 시장에 기반한 산업 경제에 자리를 내주게 되었다. 토지와 가문, 신성한 권리가 아니라 돈과 노동이 경제를 지배하게 되었다. 귀족은 상인으로 대체되었고 농장은 공장(나중에는 공장식 농장)으로 대체되었다. 그리고 완전히 새로운 사회적 질서가 나타났다. 마이클 H. 골드하버Michael H. Goldhaber는 다음과 같이 썼다.

> 15세기 당시 유럽은 여전히 봉건적 연줄에 근거해 통치되었다. 봉건 영주들은 신대륙 역시 공작, 백작, 남작들이 농노들을 지배하는 봉건 경제의 공간이 될 것이라고 생각했다. 그들은 실제로 그런 체계를 세우려고 시도했지만, 결과적으로 신대륙에서 번영한 것은 봉건 경제가 아니었다. 자본가들은 이제 막 시작된 시장 기반의 산업 경제가 신대륙에 더 잘 어울릴 것이라고 생각했다. 결국 북미에서 급속히 성장한 산업 경제가 마침내 대서양을 넘어가면서 서유럽과 나머지 세계를 지배하기 시작했다.[5]

다시 말해서, 민주주의 혁명이 유럽에서 불붙기 전에 북미의 유럽인들 사이에서 먼저 시작된 데는 다 이유가 있었다. 북미 대륙에는 기성 귀족이 존재하지 않았고 무역과 (노예들의 등에 실려 유럽의 본국으로 가져갈) 물질적 재화들을 중시했기 때문에, 유럽과는 다른 종류의 경제적 공간이 될 수 있었다. 신대륙에서는 자원을 채굴하고, 재화를 생산하고, 재화를 운반하고, 재화를 자본으로 전환시키는 능력만이 절대적인 권력이었다. 시장에 기반한 자본주의, 누구나 노동과 지식을 통해 사회적으로 잘 살게 될 수 있다는 이념이 (그때는 실제보다는 이론에 가까웠을지라도) 새로운 공화국의 근간을 형성했다. 마침내 봉건주의가 시장 자본주의에 서서히 자리를 내어주면서 비로소 유럽에도 이러한 흐름이 도달했다.

하지만 이게 인류가 직면했던 유일한 사회경제적 이행은 아니다. 봉건주의는 첫번째 사회 체제가 아니었고 자본주의가 마지막 체제인 것도 아니다. (심지어 오늘날 유일한 체제인 것도 아니다!) 자본주의 자체도 다양한 형태를 띈다. 재화와 서비스에 기반한 경제에서 정보 경제로의 중대한 경제적 이행을 보여주는 몇몇 사례도 있다. 이는 서구 자본주의가 끝났다는 뜻이 아니라, 한때는 상품(재화)과 노동(서비스)에 적용되던 수요와 공급의 법칙이 이제는 정보(데이터)에도 적용된다는 뜻이다.

이런 식으로 생각해보자. 우리는 금, 은, 비옥한 토양, 탄수화물, 지방, 단백질 등과 같이 부족하지만 바람직한 것들을 '소중'하다고 한다. 시장 경제에서 수요가 많고 공급이 적으면 사람들은 그것을 거래하려고 경쟁하며, 자본주의 경제라면 그것과 돈을 교환한다. 그러면 가격이 올라가는데, 이는 사회가 그것에 높은 가치를 부여하고 있다는 것을 의미한다. 반대로 공급이 많고 수요가 적다면 가격은 떨어지고, 이는 사회가 그것에 상대적으로 낮은 가치를 부여하고 있음을 의미한다.

산업 경제는 수요-공급의 법칙에 의해 작동한다. 그 법칙은 상품과 노동, 다시 말해서 무엇을 가질 수 있는지, 무엇을 만들 수 있는지, 어디에다 그것을 팔 수 있는지에 관한 것이다. 따라서 산업 경제에서는 원자재와 노동을 통제하는 사람이 다른 모든 것을 지배하는 힘을 가진다. 하지만 우리가 어떤 것을 너무 잘 만든 나머지, 의식주처럼 우리에게 가장 필수적인 것의 공급이 수요를 초과한다면 무슨 일이 일어날까? 실제로 이런 일이 많은 선진국에서 일어났다. 기계화와 자동화로 인해 효율적인 생산이 가능해지면서 공급은 하늘 높은 줄 모르고 치솟았고 동시에 노동의 필요와 화폐 가치가 극단적으로 감소했다. 이 두 가지 일이 동시에 발생하면 아무도 쓸 돈이 없고, 만약 누가 돈을 쓰더라도 물건이 너무 싸서 아무도 돈을 벌지를 못한다. 경제가 서서히 느려지고 활력을 잃다가 결국 멈추는 것이다.

그러나 폴 메이슨Paul Mason이 그의 책《포스트 자본주의 새로운 시작》에서 말한 것처럼,[6] 자본주의는 꽤 회복력이 있다. 하나의 경제적 영역에서 수요-공급의 법칙이 붕괴되면 그 자리를 대신하려고 다른 영역이 등장한다. 지난 수십 년 동안 부유한 선진국에서는 생산 비용(노동 임금)이 일반적으로 하락하면서 정보가 그 자리를 대신해 등장했다. 이제 더 이상 상품과 노동을 통제하는 사람들이 아닌 정보를 관리하는 사람들이 경제와 사회적 질서를 강력하게 휘어잡고 지배한다.

그러나 새롭게 등장하여 앞으로 몇 세기에 걸쳐 펼쳐질 정보 자본주의 시대에 진입하기도 전에 이미 무어의 법칙이 발생해 버렸다. 인텔의 공동창업자인 고든 무어Gordon Moore의 이름을 딴 이 법칙에 따르면 반도체 회로의 주어진 공간 안에 들어가는 트랜지스터의 숫자는 2년마다 대략 두 배로 증가한다고 한다.[7] 정보의 수요와 공급이 경제를 지배하는 시대에서, 정보를 처리하는 능력이 기하급수적으로 성장하는 것은 문제가 된다. 게다가 정보를 저장하는 비용도 급격하게 감소하고 있고, 정보를 복사하는 것은 아주 사소한 과정일 뿐이다. 만일 정보 경제가 스스로 빠져나올 기회를 만들지 못한다면 사망 통지서를 받은 것이라 할 수 있다.

1984년에 처음으로 열린 해커 컨퍼런스에서 스튜어트 브랜드Stewart Brand는 다음과 같은 유명한 말을 남겼다.

> 한편으로, 정보는 너무 가치 있기 때문에 비싼 값을 받기를 원한다. 적절한 때에 알맞은 정보를 얻는다면 인생을 바꿀 수도 있기 때문이다. 하지만 동시에 정보를 얻는 데 드는 비용이 계속해서 낮아지고 있기 때문에 정보는 공짜가 되기를 원한다. 그래서 정보의 이 두 가지 상반된 욕망이 서로 경쟁하게 된다.[8]

"정보가 공짜가 되기를 원한다"라는 말을 여전히 진실이라고 믿으면서 이야기할 수 있을지는 모르겠지만, (코리 닥터로우Cory Doctorow가 꽤 좋은 '선문답'이라고 말한[9]) 이 이중성이 정보를 경제의 기초로 삼는 데 있어서 근본적인 문제가 되는 것은 분명하다. 무엇이 비싼 동시에 쌀 수는 없기 때문이다. 그래서 많은 출판사와 뉴미디어 회사들은 인쇄물과 방송에서 디지털로 옮겨가는 데 애를 먹고 있고, 각종 유료화 지불 장벽paywall, 광고 차단 프로그램ad blocker, 광고 차단 프로그램을 차단하는 프로그램ad blocker blocker 등이 등장하고 있다. 정보를 생산하고 복제하는 비용, 그리고 인터넷 덕분에 접근하는 비용까지 낮다면 시장을 형성하는 것은 불가능하다. 그래서 앞에서 언급한 폴 메이슨 같은 일부 경제학자들은 이런 상황이 자본주의 자체가 끝났다는 것을 의미하고 정보 시대가 새롭고 준-사회주의적인quasi-socialist 후기 자본주의 시대를 열 것이라고 주장한다. 아마도 그들이 맞을지도 모른다.

혹은, 아직 회복력이 있는 자본주의가 싸워 볼 만한 다른 상품이 남아 있을지도 모른다.

골드하버는 봉건주의에서 자본주의로의 이행을 설명하는 것에서 멈추지 않았다. 그는 사실 새로운 경제의 등장에 대해 쓰고 있었던 것이다. 그냥 새로운 게 아니라 완전히 종류 자체가 다른 경제 말이다.

현대 자본주의의 관념들은 이전에 존재했던 봉건적이고 자급자족적 농업에 기반한 경제와 철저하게 다른 시장 기반 산업주의에서 기원한다. 우리는 책에서 배운 대로 경제적 법칙은 시공을 초월한 진리라고 생각한다. 이는 완전히 틀렸다. 그 법칙들은 특정한 종류의 공간에서 특정한 시기에만 진실이었다. 작은 들판과 벽으로 둘러 쌓인 마을, 그리고 성으로 이뤄진 봉건주의의 전형적인 풍경은 도시와 매연을 내뿜는 공장, 철도와 운하, 고속도로로 이뤄진 산업주의의 풍경과 뚜렷하게 다르다. 사이버 공간의 '풍경'은 오로지 마음속에만 존재하지만 우리는 점점 더 그곳에서 살아가고 있고, 그곳은 앞의 두 풍경과 하나도 닮지 않았다. 사이버 공간이 지구의 수십억 인구 사이의 상호작용을 아우를 정도로 성장하면 그런 종류의 상호작용은 지난 몇 세기 혹은 그 이전에 일반적이었던 것과는 완전히 달라질 것이다.

이 새로운 세계에서 성공하고 싶다면 오늘날의 공작과 백작들이 당연히 계속 번영할 거라고 착각하지 말고 새로운 세계에 어울리는 경

제의 관점에서 생각하는 방법을 배워야 한다.[10]

그게 무슨 관점인가? 인터넷이 발명된 지 몇 년 안된 (우리가 처음 이메일 계정을 만들었던 때 즈음인) 1997년에, 골드하버는 이 새로운 경제를 **주의력 경제**attention economy라고 불렀다. (골드하버가 이 용어를 처음 쓴 사람은 아니지만, 웹의 도래가 후기 산업사회의 사회경제적 구조에 어떤 의미인지를 처음으로 자세히 논한 사람들 중 한 명이다.) 주의력 경제에서 경제 성장을 결정하는 수요-공급의 법칙은 정보가 아닌 인간 주의력에 관한 것이다. 매슈 크로퍼드Matthew Crawford가 "주의력은 자원이다. 단지 너무 많이 가지고 있어서 그렇게 인식하지 못할 뿐이다"[11]라고 말한 것처럼 말이다. 그리고 정보의 생산과 접근, 유통과 복제가 점점 저렴해지고 쉬워지면서 정보를 다루는 사람의 입장에서는 주의력이 보다 희소한 자원이 되었다.

골드하버가 묘사하듯이 단지 상품의 종류가 바뀐 것이 아니다. 완전히 다른 종류의 시스템이다. 돈은 재화와 서비스의 반대 방향으로 움직이지만, 주의력과는 같은 방향으로 움직인다. 그렇다. 우리는 여전히 무언가를 사고 있고 콘텐츠 생산자들은 주의력을 사는 개념으로 여전히 광고를 사고 있지만, 이제는 필요보다는 흥미를 위해서 무언가를 산다. 주의력을 얻기 위한 전투에서 이긴 쪽이 돈을 버는 것이다. 이는 다른 종류의 거래, 다른 종류의 판매와 마케팅 전략, 다른 종류의 시장을 의미한다. (페이스북은 어떤 산업인가? 미디어 회사인가? 친목 모임인가? 공공 장소인가? 아니면 광고 에이전시인가?)

돈을 내지 않는다면 당신이 상품이다: 주의력이 상품이고, 관여가 화폐다

허위조작정보와 프로파간다에 관련해서 이러한 경제적 이행의 두 가지 측면을 반드시 이해할 필요가 있다. 첫 번째로, 초점이 맞춰지는 곳, 나아가 모든 문제들이 모여드는 곳에는 우리의 주의력이 있다. 인간 인지체계의 한계는 수요-공급의 법칙의 균형을 맞추는 경제의 기반이다. 비판적인 소비자가 되고 싶다면 이 문제를 조금이라도 이해하려고 노력해야 한다. 우리의 주의력은 온라인과 TV를 포함한 모든 형태의 미디어에서 거래되는 주요한 '재화'다. 많은 방식으로 소비자는 이러한 거래에서 중심적인 역할을 한다. 심지어 돈이 포함되지 않더라도 그렇다. 우리의 주의력은 상품이고 우리의 '관심과 참여'는 화폐다. **그렇기 때문에 우리의 온라인 행적을 추적하는 것이 정보를 다루는 회사에게는 가장 중요한 일이다.** 주의력 경제가 계속되는 한, 케임브리지 애널리티카*와 같은 고객, 경쟁자, 심지어 유권자의 데이터를 활용해서 그들에게 영향을 미치고 행동을 조종하려는 맞춤형 광고 회사도 계속 존재할 것이다.[12]

두 번째로, 새로운 경제의 핵심 상품은 우리의 주의력이기 때문에

---

*Cambridge Analytica. 영국 케임브리지 대학교의 알렉산드르 코건Aleksandr Kogan은 2014년 성격 테스트 앱을 만들어 이에 참여한 페이스북 사용자 27만명과 그 친구들을 포함해 총 8700만명의 개인 정보를 수집했다. 그리고 당사자들의 동의 없이 그 정보를 데이터 분석 기업인 케임브리지 애널리티카에 넘겼다. 케임브리지 애널리티카는 심리통계학적 프로파일링 기법을 통해 그 데이터를 분석하여 세계 각국의 수많은 정치인들에게 자문을 했다. 이에 따라 각 선거 캠프들은 개인 맞춤형 정치광고와 가짜뉴스로 유권자들을 공략할 수 있었다. 그 대표적인 사례가 영국 브렉시트 국민투표와 2016년 미국 대통령 선거다.

우리가 일상적으로 사용하는 디지털 플랫폼들은 우리의 주의력을 측정하고 조작하도록 고안되었다. 전 구글 직원이자 기술 비평가인 트리스탄 해리스Tristan Harris는 이것을 "한 줌의 인터넷 회사에서 일하는 한 줌의 사람들의 선택이 오늘도 수억 명의 생각을 조종하고 있다"[13]고 표현했다. 이 말을 좀 덜 비관적으로 표현하면, 우리가 사용하는 테크놀로지가 그만큼 좋기 때문에 사람들이 계속 쓰게 된다는 것이다. 그러나 음식, 술, 성관계, 운전, 스포츠는 물론이고 심지어 다른 좋은 것도 부주의하거나 과도하게 관여하면 위험한 것이 된다.

하지만 광고로 돈을 버는 구조에서 사람들이 플랫폼에 머무는 시간이 늘어날수록 플랫폼 회사가 돈을 번다는 사실은 피할 수 없다. 물론 플랫폼은 사람들이 그저 광고를 볼 때보다 그 광고를 클릭할 때 훨씬 더 많은 돈을 번다.[14] 하지만 사람들이 광고를 클릭하면 그 플랫폼을 떠나게 돼서 더 이상 광고를 보지 못한다. 그 플랫폼이 인터넷 어딘가를 헤매다가도 곧 다시 돌아올 정도로 너무나 좋고 바람직하고 주의력을 빼앗길 만한 가치가 있지 않다면 말이다.

다시 말해서 주의력 경제에서는 중독시킬 목적으로 플랫폼을 고안하는 것이 사업적으로 유리하다.[15] 이는 개인과 사회 모두에게 굉장히 위험한 점이다. 점점 많은 사람들이 가장 긴장을 풀고 사용하는 플랫폼에서 주로 정보를 얻게 되면서, 우리는 수동적인 중독의 상태에서 오늘날의 가장 중요한 문제들을 다루고 있다. 해리스는 "이것보다 더 긴급한 문제는 없다. …… 이것이 민주주의를 변화시키고 있다"[16]고 말한다.

더 비관적으로 표현하면 우리가 사용하는 소셜 미디어 플랫폼은 사실상 프로파간다를 위해 고안되었다.

알고리즘 추천: 삶의 모든 문제들의 원인이자 해결 방안

한 걸음 물러서서 플랫폼이 어떻게 작동하는지에 대해 전반적으로 살펴보자. (3장에서 훨씬 더 상세하게 다룰 것이다.) 사용자는 콘텐츠를 원한다. 그것이 텍스트든 음악이든 TV든 영화든지 간에, 모든 미디어의 수요는 본질적으로 정보에 대한 수요다. 그러나 정보는 어디에나 있으며, 다양한 미디어에 대한 수요가 많기는 하지만 공급이 훨씬 더 많다. 콘텐츠의 양이 많고 그 콘텐츠에 접근하는 것이 쉽기 때문에 공짜이거나 저렴한 미디어는 항상 많이 존재한다고 장담할 수 있다.

문제는 콘텐츠 생산자들이 보수를 받지 못하면 콘텐츠를 생산할 수 없다는 것이다. (많은 사람들이 콘텐츠 생산을 부업으로 하고 있지만, 그 일을 전업 삼아 장기적으로 종사하는 영화감독, 작곡가, 소설가, 기자가 없다면 우리 사회는 확실히 문화적으로 빈곤할 것이다.) 미디어를 만드는 데 드는 평균 비용이 급격히 영(0)에 수렴하면서 수요-공급의 법칙은 소비자에게 매우 유리해졌다.[17] 물론 놀라운 사실은 사람들이 여전히, 그것도 상당한 돈을 미디어에 지불하고 있다는 점이다. 하지만 콘텐츠를 공급하고 유통하는 업체가 계속 늘어나면서, 소비자들이 지불하는 돈에서 그들이 얻을 수 있는 몫은 급격히 줄어들었다. 그러므로 콘텐츠 생산자가 돈을 벌려면 다른 생산자들이 만들어내는 소음을 뚫고 소비자의 주의력을 얻어내야만 한다.

미디어 소비자들은 콘텐츠를 원한다. 미디어 생산자들은 소비자들의 주의력을 원한다. 게다가 미디어 소비자들은 예능이든 교육 콘텐츠든 뉴스든, 모든 쓰레기들을 뚫고 좋은 것을 찾아내고 싶어한다. 그리고 미디어 생산자들은 적합한 시청자에게 자신들의 콘텐츠가 전달되기를 바라는데, 여기서 '적합한 시청자'라는 뜻은 자신들이 만든 콘텐츠를 보기 위해 열심히 번 돈을 쓸 정도로 실질적인 관심을 충분히 가진 사람이라는 뜻이다.

소비자들 역시 적합한 미디어를 찾기 원하고, 생산자들은 적합한 시청자를 찾기 원한다. 웹에서 이들은 서로를 찾으려고 애쓰는 중이다. 마치 소개팅 앱처럼 들리지 않는가? 어떤 점에서는 '정확히' 그렇다.

핵심적인 것만 보면 소개팅 앱은 추천 엔진이다. 당신과 다른 사람에게서 추출한 데이터를 비교하여 당신과 잘 맞을 것 같은 사람들을 추천한다. 데이터는 온라인 설문조사와 심리학적인 성격 테스트에서 나온 것일 수도 있고, 아니면 단순하게 수백 번 좌우로 화면을 넘기는 것과 같은 당신의 행동에서 나온 건지도 모른다. 하지만 궁극적으로 과정은 같다. 입력할 데이터를 취하고, 그것을 알고리즘을 통해 돌린 다음, 추천하는 것이다. (더 나은 엔진이라면 해당 추천이 얼마나 좋았는지에 대해서도 데이터를 수집해 알고리즘을 개선한다.)

소비자와 콘텐츠를 매칭하고 미디어 생산자와 소비자를 매칭하는 것도 과정은 같다. 사용자와 콘텐츠를 매칭하는 알고리즘을 미세하게 조정해 소비자들이 자기 선택에 만족하고 생산자들이 노동에 대한 대가를 받을 수 있도록 호환성을 극대화한다. 그러나 추천 엔진이 소개팅 앱과 크게 다른 점도 있다. 만약 소개팅 앱이 성공적이면 당신은 일생일대의 사랑을 찾고 나서 절대 그 앱을 다시 설치할 필요가 없지만, 콘텐츠 추천 엔진이 성공적이면 당신은 금요일 밤에 볼 영화를 찾은 플랫폼에서 토요일에 볼 다른 영화도 찾을 것이다. 결국 콘텐츠뿐 아니라 플랫폼도 우리의 주의력을 끌기 위해 경쟁하고 있다는 것을 기억할 필요가 있다. 넷플릭스, 아마존, 판도라, 스포티파이, 트위터, 페이스북……. 이런 플랫폼들은 우리가 그 플랫폼에서 어떤 콘텐츠를 소비하는지와는 상관없이 우리가 플랫폼을 자주 이용할수록 더 많은 돈을 번다.

이는 관련된 모두에게 좋은 결과를 보장하는 상황처럼 보인다. 플랫폼은 추천을 한다. 우리는 자신의 취향에 맞는 **개인화된**personalized 콘텐츠를 선택한다. 생산자들은 자신의 작품에 적합한 시청자를 찾아내 최소 비용으로 최대 효과를 얻는다. 소비자가 음악을 들을 때 어떤 곡에 좋아요 혹은 싫어요를 표시하거나 어떤 영화에 별점을 줄 때마다 추천은 소비자와 생산자 모두를 위해 개선된다. 그리고 추천이 개선되면 플랫폼은 보상을 얻는다. (플랫폼이 콘텐츠 생산자이기도 하다면 두 배의 보상을 얻는다.)

결함이 없는 시스템은 없다. 플랫폼이 어떻게 본질적으로 우리를 중독시키고 습관적이고 무의식적으로 다시 돌아오게 하는지에 대해서는 이미 논했다. 하지만 다른 문제들도 있다. 최선의 추천 알고리즘을 만들기 위해서 플랫폼은 소비자와 콘텐츠에 대한 많은 양의 데이터를 필요로 한다. 플랫폼들 간의 경쟁이 치열해지고 매년 컴퓨터 성능이 발전하고 저렴해지면서 수집되는 데이터의 양도 급속히 증가했다.

데이터는 자주 우리가 모르는 사이에 수집된다. 아마도 당신은 이 용약관에 동의했을 것이다. 그러나 이 약관이 암시하는 사항들이 늘 명확한 것은 아니며, 우리가 이미 플랫폼에 충분히 길들여진 이후에 변경되기도 한다. 또한 데이터는 우리가 무방비 상태일 때, 즉 어떤 정보가 누구에게 어떤 목적으로 제공되는지에 대해 예민하게 살피지 않을 때 수집된다. 플랫폼을 사용할 때 우리는 은행 계좌나, 부동산 계약서, 전공 과목의 기말 레포트를 볼 때처럼 주의를 기울이지 않는다. 그냥 아침에 일어나서 모닝 커피를 마시기 전에, 때로는 침대에서 나오기도 전에 읽고, 출근이나 조깅을 하면서 듣고, 자기 전에 술 한잔하면서 본다. 요즘 듣는 음악과 요즘 보는 예능, 오늘 읽은 뉴스와 이에 대한 생각, '좋아요'를 누른 친구 아이의 사진, 분노 이모지를 눌렀던 뉴스 스토리, 가장 오래 들여다봤던 사진들에 대해 이야기하지만, 때때로 우리가 누르는 (가끔 카드 결제로 이어지는) 광고에는 별다른 신경을 쓰지 않는다. 플랫폼은 우리가 가장 오래 머무르고 자주 돌아오게 할 것 같은 콘텐츠를 제공하기 위해 이 모든 것을 기록하고, 그중 많은 데이터를 실제로 사용하고, 심지어 거래하거나 판매하기도 한다. 이렇게 수집된 데이터는 해킹이나 유출로도 이어지고, 때로는 우리에 대해 너무 많은 것을 알고 있는 타깃 광고로 이어진다. (몇 년 전에 한 아버지가 10대인 딸이 임신했다는 사실을 딸이 직접 털어놓기도 전에 광고를 보고

알게 되었던 사례를 떠올려 보라.[18]

또 다른 문제도 있다. 플랫폼들은 최대한 우리의 주의력을 끌고 데이터를 수집하기 위해 하나의 플랫폼에서 모든 것을 해결할 수 있게 하려고 노력한다. 아마존, 페이스북, 구글(그전에는 야후)이 아마 이를 가장 잘 보여주는 사례들일 것이다. 우리는 '뉴스피드'를 통해 뉴스를 보고, 친척들의 근황을 알게 되고, 때로는 전문적인 지식과 인맥을 개발한다. 광고를 보고, 새 신발을 사고, 스마트폰을 바꾸고, 때로는 같은 종교를 가진 사람들과 친해질 수 있는 동아리에 가입하기도 한다. 플랫폼은 이런 다양한 콘텐츠를 통해 우리의 주의력을 최대한 끌어내는 동시에 분산시킨다. 그래서 어떤 한 가지도 우리의 생각을 완벽하게 지배하지 못하는 상태로 빠져든다. 린다 스톤Linda Stone은 이 상태를 **지속적인 부분적 주의력***이라고 부른다.[19] 이 상태에서 우리는 한 가지 생각을 천천히 깊게 하지 못할 뿐만 아니라 지속적으로 다양한 초점들 사이를 왔다 갔다 한다. 인지 심리학자들은 우리가 초점을 옮길 때 생기는 작은 공백을 **주의력 깜박임**attentional blink이라고 부른다.[20] 계속해서 숨을 고르고, 지도에서 내 위치를 찾고, 여러가지 일에 돌아가며 집

---

*continuous partial attention. 정보 사회와 주의력 경제가 보편화되면서 나타난 현대인의 인지 상태로 끊임없이 네트워크에 연결되어 쉴 새 없이 쏟아지는 정보를 놓치지 않으려고 주의력을 여러 곳으로 분산시키는 것을 의미한다. 지속적인 부분적 주의력은 현대에는 효율적인 생활 방식이지만 이것이 지배적이게 되면 일상에서의 스트레스를 증가시키고 전반적인 충족감을 저하시킨다.

중하면서 스톤이 말한 **인위적인 항시적 위기감***에 빠지게 된다. 이것은 단지 심리적인 문제가 아니라 사고의 문제다. 이 상태에서는 생각의 속도를 늦출 수도, 생각에 깊게 빠져들 수도, 비판적으로 생각할 수도 없다. 플랫폼에서 보내는 시간이 늘어날수록 우리는 주의력 깜박임, 지속적인 인지적 위기감 상태에서 더 오랜 시간을 보내게 된다.

우리가 대부분의 뉴스를 보는 플랫폼에서 주기적으로 이런 심리적 상태에 빠지게 된다면 우리는 완벽하게 프로파간다에 넘어갈 준비가 된 것이다. 그런데 대체 프로파간다가 무엇인가?

프로파간다의 정의

프로파간다는 퍼트린다는 뜻의 propagate에서 파생된 단어다. 가장 오래된 맥락에서 그것은 단순히 사람들의 입이나 인쇄 매체를 통해서 메시지가 퍼진다는 것을 의미한다. 그런 점에서는 출판하다(공개적으로 만든다), 전도하다(좋은 뉴스를 공유하다)와 뜻이 비슷하다. 하지만 현대에 와서 프로파간다는 보다 사악한 어감을 갖게 되었다. 관련 서적 중 고전이라고 할 수 있는 《프로파간다: 입장의 형성*Propaganda: The*

---

*artificial sense of constant crisis. 지속적인 부분적 주의력을 쏟기 위해서 높은 수준으로 긴장하고 있는 상태를 뜻한다. 이러한 위기감을 느끼는 측면에서 지속적인 부분적 주의력은 멀티태스킹multi-tasking과 다르다. 멀티태스킹은 흔히 컴퓨터를 하면서 통화를 하거나 점심을 먹는 등 인지적 노력이 비교적 덜 드는 활동을 자동적으로 하는 경우를 뜻한다. 하지만 지속적인 부분적 주의력은 그보다는 더욱 높은 주의력과 긴장 상태를 필요로 한다.

Formation of Men's Attitudes》의 저자 자크 엘륄Jacques Ellul은 다음과 같이 말한다.

> 프로파간다는 조직화된 집단이 조직에 일체감을 느끼도록 개인들을 심리적으로 조종하고 통합시켜서, 조직 행동에 적극적이거나 수동적으로 참여하도록 유도하는 일련의 방법들이다.[21]

이 정의가 도움이 되긴 하지만 디지털 시대에는 불충분하다. 조직이 핵심 행위자이고 조직을 확장하는 것이 목표라는 관념은 우리가 온라인에서 보는 프로파간다 활동의 작은 부분만을 설명할 수 있다. 근래에는 참여할 수 있는 정도가 다양해지면서, 사회 운동에 참여하는 것이 조직의 정식 구성원이 된다는 관념을 대체했다. 현대 시민들은 다양한 종류의 메시지와 미디어를 이용할 수 있고 사회 운동의 '멤버십'이 수반하는 구체적인 내용도 다양하기 때문에, 조금 더 미묘한 차이들을 고려하여 프로파간다를 정의할 필요가 있다.

이런 점을 고려하여 이 책에서는 프로파간다를 다음과 같이 정의하고자 한다. 프로파간다는 누군가의 마음이나 행동을 바꾸기 위해 하나 이상의 미디어를 사용하여 합리적인 담론보다는 '심리적인 조종'을 통해 메시지를 전달하는 것이다. 어떤 메시지가 프로파간다가 아니라고 해서 편견이 없는 것이 아니다. 우리 모두는 편견에 사로잡혀 있다. 프로파간다는 편견을 숨기고, 거짓을 사실이라고 제시하고, 불완전하게 혹은 본질적인 맥락을 제거한 상태로 사실을 제시하고, 사실과 허구 그리고 진실과 거짓을 구별하는 이성적 추론의 과정으로부터 마음을 멀어지게 하려는 (대개는 의도적인) 시도다. 프로파간다는 속이거나 조작하려는 의도의 (러시아어 dezinformatsiya에서 유래한) **허위조작정보**disinformation 혹은 거짓과 오류의 의도치 않은 확산인 **단순허위정보** misinformation를 모두 포함할 수 있다. 속이려는 의도에 넘어간 사람들이 정보를 공유하고 진심으로 그 내용의 확산을 도우면서, 허위조작정보와 단순허위정보가 조화롭게 작동하는 것을 온라인에서는 자주 목격할 수 있다. 나는 이 다단계 프로파간다를 **정보 세탁**information laundering 이라고 부른다. 좋은 뜻을 가진 사람들을 이용해 메시지를 퍼뜨리거나 출처를 모호하게 하면서 허위조작정보를 사실처럼 만들기 때문이다.

앞으로 이 정의에 기반해 우리가 어떻게 미디어 중독과 공격적인 데이터 수집, 지속적인 '주의력 깜박임'으로 인한 여론 공작의 희생자가 되는지를 살펴볼 것이다. 피상적인 사고를 조장하는 플랫폼에서 더 많은 시간을 소비할수록 관심을 가지고 참여하는 정보와 그 출처들을 덜 비판적으로 검토하게 된다. 소셜 네트워크를 통해 미디어를 소비할수록 저항은 더 약해진다. 인지적 기어를 자주 바꿀수록 필요할 때 깊이 파고들 수 있는 능력은 점점 부족해진다. 그리고 플랫폼이 우리에 관한 데이터를 더 많이 수집할수록 이 작전들은 더 정교해지고 개인화된다. 해럴드 D. 라스웰Harold D. Lasswell은 프로파간다는 "권력을 얻기 위한 물질적 비용을 줄이면서"[22] 타인들을 복종시킨다고 했는데, 현대의 알고리즘에 기반한 미디어 플랫폼들이 아마도 인류 역사상 그 비용을 가장 최소화할 수 있는 기회를 제공하고 있을 것이다.

하지만 희망이 아예 사라진 것은 아니다. 엘륄은 "프로파간다는 민주주의가 제대로 작동하는 것을 거의 불가능하게 만든다"고 했다.[23] 그리고 많은 비평가들은 소셜 미디어가 프로파간다 머신이 작동할 동력을 제공하기 때문에 현대 민주주의의 죽음을 알리는 종소리가 들린다고 한다. 그러나 사회적 양극화를 증가시키고 잠재적으로 선거를 뒤흔드는 여론 공작들을 가능하게 하는 바로 그 도구들이 **우리가 저항할 수 있도록 도와주는 도구가 된다**. 엘륄은 프로파간다가 개인 혹은 집단으로서 가지는 주체성을 감소시키고 비인간화를 야기하기 때문에 "프로파간다는 간단한 대화가 시작되는 곳에서 끝난다"고도 했다.[24] 그렇다면 소셜 미디어보다 대화를 시작하기에 더 좋은 곳이 또 어디 있겠는가?

물론 엘륄과 같은 비관적인 입장을 이해 못하는 것은 아니다. 소셜 미디어, 심지어 인터넷을 가치 없는 것으로 무시하고, 인간이 서로 연결되기 위해 사용했던 오래된 방식들을 뒤늦게 그리워하는 것은 쉬운 일이다. 하지만 뉴미디어 학자인 클레이 셔키Clay Shirky가 말하듯이 "우리는 이미 이 변화의 한 가운데에 들어와 있다. 이 변화는 사소한 것도 아니고, 변화 여부를 우리가 선택할 수 있는 것도 아니다. 하지만 어떤 모습으로 변화하게 될지가 이미 정해져 버린 것도 아니다." 셔키는 다음과 같이 이어간다.

우리의 오래된 소비 습관은 특별히 장점이 있었던 것이 아니라 단지 접근성이 부족한 환경에서 살아남으면서 생긴 결과였다. 우리는 의도치 않게 처했던 빈곤한 상황에서 이제 막 빠져나왔고 이제는 그 상태를 그리워하지만 이는 부차적 문제일 뿐이다. 메인 이벤트는 지금까지 상상할 수 없었던 수준의 전 세계적인 표현 능력의 확대다.[25]

미디어 환경은 심지어 십여 년 전과 비교해도 매우 달라졌다. 지속적으로 업데이트되는 소셜 미디어 피드가 규칙적으로 상기시켜 주듯이, 이 멋진 신세계에서 정해진 것은 아직 아무것도 없다. 콘텐츠 생산자와 소비자인 우리가 플랫폼을 유지시키고 있기 때문에 플랫폼의 미래를 형성할 기회도 우리에게 있다.

하지만 저항을 위해서, 즉 미디어와 사회의 청사진을 다시 그리기 위해서 우리는 먼저 그것이 어떻게 작동하는지를 알아야 한다. 이어지는 두 개의 장에서 정보에 관심을 가지고 참여할 때 사람들이 어떻게 행동하는지 그리고 시스템이 어떻게 작동하는지에 대해서 자세히 들여다볼 것이다. 이러한 개념과 후반부에서 다룰 희망적이면서 동시에 비극적인 사례들은 프로파간다 문제 해결의 실마리가 되어 줄 것이다.

일단은 내가 지금까지 들어본 뉴미디어와 관련된 조언 중에 가장 좋았던 말로 이 장을 마무리하려고 한다.

> 당신의 주의력을 자동화하려는 기계에 모래를 던져라.
> - 하워드 라인홀드Howard Rheinhold [26]

요약

이 장에서 우리는 자본주의가 상품 기반 경제에서 주의력 기반 경제로 이동했다는 것을 배웠다. 정보와 상호작용하는 방식을 지배하는 새로운 수요-공급의 법칙은 정보, 재화, 서비스가 아닌 제한된 인간 주의력의 공급과 증가하는 수요를 다룬다.

알고리즘 추천 엔진과 소셜 미디어 피드는 소비자들이 가장 적합한 콘텐츠를 찾도록 돕고 생산자들이 가장 적합한 소비자들을 찾도록 돕기 위해 만들어졌다. 하지만 미디어 생산자가 우리의 주의력을 두고 경쟁하는 방식, 알고리즘을 작동시키기 위해 수집하는 개인적 데이터의 양, 그리고 우리의 인지체계가 작동하는 자연스러운 방식, 이 모든 것이 결합되자 현대 미디어 환경은 프로파간다가 번성하기에 좋은 곳이 되었다.

그러나 우리가 경제학과 생물학, 공학을 이해한다면 우리는 부정적 효과에 반격을 가할 수 있고, 문제를 만들어 낸 것과 동일한 도구를 활용해 프로파간다 문제를 원래대로 돌려놓을 수 있다.

2장

시스템이라는 바퀴의 작은 톱니

우리는 어떻게 인지적 해킹에 취약해지는가

주의력 경제에서 어떤 의견을 퍼뜨리고자 하는 사람은 인지 심리학을 이해하면 크게 유리해진다. 무엇이 주의력을 끄는가? 어떻게 그 주의력을 유지하는가? 그리고 시간이 지나면서 어떻게 주의력을 목적에 부합하도록 조종하는가? 여론에 영향을 미치는 디지털 기술의 역할을 완전히 이해하기 위해서는 이 중요한 질문의 답을 찾아야 한다.

낚시 제목: 다음에 무슨 일이 벌어질지 믿을 수 없을 것이다

낚시 제목clickbait을 혐오하지 않는가? 〈아버지가 아기침대에서 뱀을 발견했다. 그리고 다음에 무슨 일이 벌어졌는지 믿을 수 없을 것이다〉 혹은 〈죽기 전에 만들어 봐야 할 27가지 저녁 메뉴〉와 같은 온라인 기사 제목들 말이다. 듣기에도 아주 싸구려 같은 이 제목들은 온라인 사용자 수백만 명의 클릭 습관을 연구해서 매우 계산적으로 뽑아낸 것이다. '바이럴viral한 제목을 뽑는 방법' 같은 것을 검색해보면, 다급한 마음이 들게 하는 기이한 숫자와 표현을 사용하라고 알려주는 마케팅 방법들을 거의 무한히 찾아낼 수 있다.

이런 제목들은 (중요한 건 이런 제목을 단 기사들은) 왜 이렇게 도처에 널려 있는 것일까? 낚시 제목은 아마 다른 어떤 것보다도 요즘 웹에서 우리가 어떻게 지내고 있는지를 가장 잘 보여준다. 인간의 주의력에는 한계가 있고 무료 콘텐츠는 넘쳐 흐른다. 언론 매체들은 클릭을 위해, 즉 클릭으로 대표되는 광고 수익을 위해 경쟁한다. 하지만 양질의 정보도 노력이나 돈을 거의 들이지 않고 쉽게 찾아낼 수 있기 때문에, 많은 언론 매체들은 더 이상 최고의 콘텐츠가 아니라 주의력을 최대한 휘어잡는 콘텐츠를 보유하려고 노력한다.

주의력 경제에서 성공하는 사람은 제일 큰 도서관이나 제일 좋은 콘텐츠에 접근할 수 있는 사람이 아니라 자신의 주의력을 적절히 활용하는 방법을 알고 타인의 주의력을 끌고 유지할 수 있는 사람이다. 다시 말해서, 주의력 경제에서는 정보를 통제하는 사람들이 아니라 주의력을 통제하는 사람들이 돈을 번다.

하지만 주의력이 대체 무엇인가? 잠깐 동안 인식하는 한두 가지 것들이 어떻게 뇌에 저장된 거대한 양의 기억을 그렇게 쉽게 지배할 수 있는 것인가?

인지체계를 매핑하기

컴퓨터를 생각해 보자. 컴퓨터는 하드 드라이브와 램, 프로세서의 캐시 메모리와 같은 다양한 메모리 장치를 갖고 있는데, 각각의 장치에는 고유한 기능과 장단점이 있다. 일단 하드 드라이브는 가장 큰 데이터 저장소이다. 내 13인치 노트북도 하드 드라이브에 1테라바이트를 저장할 수 있다. 하지만 데이터에 접근하고 작성하고 삭제하는 것과 관련해서는 가장 느리고 비효율적이다.

반면에 램은 용량은 작지만 더 빠르고 유연하다. 램의 힘과 제한된 크기로 인해서 응용 프로그램들은 램에 접근하기 위해 계속 경쟁한다. 따라서 메모리 관리는 모든 앱과 알고리즘의 성능을 최적화하는 데 있어서 중요한 요소다. 프로세서 자체에 존재하는 캐시 메모리는 램보다 용량이 작지만 더 강력하다. 그곳에서 작업이 진행된다. 하지만 이 작업은 프로세서 자체 역량에 따라 심각한 제한을 받는다. 왜냐하면 당신이 컴퓨터로 할 수 있는 것이 없다면 데이터를 저장하는 의미가 없기 때문이다. 결국 컴퓨터의 데이터 처리 역량이 곧 데이터를 가지고 할 수 있는 일의 한계를 뜻한다.

하드 드라이브와 램, 캐시 메모리와 프로세서 모델은 인간의 인지체계를 설명할 수 있는 유용한 비유다. 물론 과도한 단순화지만, 특히 (빅)데이터와 뇌가 상호작용하는 방법을 이해하고 싶다면 유용한 출발점이 될 것이다.

여러 면에서 뇌는 하나의 큰 하드 드라이브와 비슷하다. 어쨌든 우리가 컴퓨터 데이터 저장소를 '메모리memory'라고 부르는 이유가 있다.

하드 드라이브처럼 우리의 뇌도 정보를 위계적으로 조직된 작은 단위에 저장하는데, 그 단위는 뇌 속의 전기 신호(뇌파)를 통해 활성화되고 옮겨지고 복제된다. 몇몇 인지 과학자들은 뇌가 처리하는 정보를 묘사하기 위해 '비트bits'라는 용어를 사용하기까지 한다.[1]

뇌는 거대하고 복잡하지만 동시에 유연해서 크고 느린 저장, 빠르고 효율적인 저장, 데이터 처리를 한 곳에서 해낸다. 그러나 뇌의 능력은 컴퓨터가 작동하는 방식처럼 분리되어 있다. (물론 정확히 말하자면 컴퓨터가 뇌처럼 작동하는 것이다.) 뇌의 저장 능력의 가장 큰 부분은 효율이 낮고 프로세서에 직접 연결되어 있지 않다. 이를 일반적으로 장기 기억long-term memory이라고 부른다. 우리는 여기에 인생의 주요 사건들(에피소드 기억episodic memory), 몸으로 습득한 기술이나 절차들(절차 기억procedural memory), 친구의 얼굴이나 단어의 의미 같이 중요한 정보(의미 기억semantic memory)를 저장한다.[2] 이 기억의 양은 거대하다. 하나의 뇌는 항성, 행성, 은하로 이루어진 우주와 같은 복잡한 정보도 저장할 수 있다.[3] 하지만 우리는 이 모든 데이터에 한 번에 접근할 수 없다. 뇌가 처리해 내기에는 너무 버거운 일이다. 그래서 데이터를 관리하는 것을 도와줄 무엇인가가 필요하다.

의식적 주의력의 한계

여기서 바로 **작업 기억**[*]이 등장한다. 작업 기억은 뇌의 CPU라고 할 수 있는 중앙 집행기central executive와 단기 기억short-term memory의 조합이다.[4] 단기 기억은 뇌의 램이라고 할 수 있는 단기적이고 고효율적인 저장을 위한 독립적인 자원을 말한다.

이렇게 생각해 보자. 당신이 경험한 모든 사건들, 당신이 아는 모든 단어들, 당신이 아는 모든 친구와 가족들, 당신이 배운 모든 기술들은 장기 기억의 어딘가에 저장되어 있다. 이런 기억들에 접근하려면 (전기적 신호의 형태로) 에너지가 필요하다. 이때 마치 사용하려고 켜 놓은 앱이나 책장에서 읽으려고 꺼낸 책처럼 그 기억 중에서 일부만 '활성화'된다. 이것이 단기 기억이다. 어떤 기억이 활성화되어 단기 기억으로 들어오면 잠시만 그곳에 머무른다. 그 기억을 계속 살려 놓으려고 추가적인 일을 하지 않으면 말이다. (인지 음악학자들은 이 작업을 '리허설'이라고 부르지만, 실은 도서관에서 빌린 책의 반납 기한을 연장하는 것과 더 비슷하다.) 기억들이 단기 기억에 들어와 있으면 그 기억들로 더 많은 일을 할 수 있다. 예를 들어, 기억들을 순서대로 정렬하고, 기억들 사이의 관계를 구축하고, ('스키마'라고 불리는) 더 높은 수준의 그룹으로 묶을 수 있다. 그러나 단기 기억으로 소환된 것 중에 아주 일부

---

[*]working memory. 주기적으로 정보를 붙잡을 수 있는 제한된 역량을 가진 인지 시스템이다. 필요한 동안만 기억하고 몇 초 또는 몇 분 만에 사라져 연속해서 동시에 들어오는 정보를 식별할 수 있도록 한다. 이때 중앙 집행기는 인식한 정보의 흐름을 조정하여 저장해야 하는 정보와 삭제해도 되는 정보를 구분한다.

만이 의식적 주의력을 형성한다. 의식적 주의력은 지금 당장 처리하고 있는 적은 양의 정보로, 이것이 바로 주의력의 초점을 구성한다.

주의력 방아쇠

주의력은 엄청나게 비싼 것이다. 정보 처리는 말할 것도 없이, 높은 수준의 뉴런 활성화는 그 자체로 많은 양의 에너지를 요구한다. 주의력을 동원하는 데 필요한 에너지는 공급이 제한적이다. 무한정 얻을 수 없기 때문에 비쌀 수밖에 없다. 그래서 뇌는 의식이라는 비싼 전력은 꺼두고 아주 적은 노력과 시간으로 데이터를 처리하는 상태를 유지한다.

물론 효율적이고 질서 있는 체계는 무엇에 언제 집중할지 결정하는 규칙들, 즉 구조를 필요로 한다. 시각, 청각, 후각같이 외부적인 자극을 처리하는 것에 관해서는 수백만 년에 걸쳐서 일어난 자연 선택에 근거하여 우선순위를 정하는 많은 규칙들이 있다.

이미 언급한 대로 우리의 유전자 코드는 살아남기 위해 분투했던 고대의 조상들이 주로 쓴 것이다.[5] 그러므로 15만 년 전 아프리카의 평야에서 생사의 문제였던 것들이 오늘날 우리의 주의력을 좌우한다. 누가 당신 등 뒤에 몰래 다가와서 갑자기 큰 소리를 내면, 놀라서 펄쩍 뛰며 숨을 들이마시게 되고, 머리카락도 쭈뼛하고 (우리 조상들이 실제보다 더 크고 무서워 보이려고 만든 잔재) 심장 뛰는 속도도 빨라질 것(싸우든 도망가든 근육에 산소를 추가로 전달할 준비를 하는 것)이다. 그런데

무슨 일이 생길지 미리 알고 있다 하더라도 반사운동 중 몇 가지는 여전히 작동할 것이다. 빠르고 효율적인 반사 운동을 가진 조상들이 살아남았고 우리의 뇌는 이 작동을 꺼버릴 수 없게 되었다. (사실 이 반사운동 중 일부는 신경 자극이 뇌까지 빛의 속도로 갔다 오는 게 너무 오래 걸려서 직접 척추에 의해 통제되기도 하는데 이를 '척추 반사'[6]라고 부른다.) 살아남은 조상들은 우리에게 날카로운 이빨을 가진 호랑이를 피하는 데 유리한 유전자를 물려준 것이다.

물론 생존에 상대적으로 덜 중요했던 기억들을 의도적으로 불러낼 수도 있다. '저게 누구더라? 저 사람 전화번호가 뭐더라? 나는 이 방에 뭘 가지러 왔더라?' 같은 것들 말이다.

또 다른 기억들은 좀 더 자연스럽고 자동적으로 느껴진다. 같이 일한 지 이틀밖에 안 된 새로운 동료의 이름은 적극적으로 기억해내야 하지만 배우자, 파트너, 자녀의 이름은 기억하려고 노력할 필요가 없다. 그건 '빅데이터' 자체인 뇌 안에 세상에서 가장 발전한 예측 분석 엔진이 있기 때문이다. 자주 접근하는 데이터는 가끔 접근하는 데이터보다 더 '활성화'된다. 알파벳 순서대로 정리하려고 해도 많이 쓰는 양념들이 찬장의 맨 앞에 나와 있는 것처럼 말이다. 그리고 우리가 이미 활성화시킨 기억들과 연관된 다른 기억들도 쉽게 활성화된다. 그래서 우리가 갑자기 비밀번호나 전화번호를 생각하려고 하면 기억이 나지 않다가도, 키보드 앞에 앉거나 전화기를 들면 자연스럽게 떠오르는 것이다. 인지 과학자들은 이것을 **점화 효과**priming effect[최근에 경험한 특정한 자극이 나중에 경험한 같거나 비슷한 자극을 처리하는 것을 촉진하거나 방해하는 효과—옮긴이]라고 부른다.

점화 효과는 뇌가 기억을 관리하는 중요한 방법이다. 뇌는 적은 에
너지를 사용하기 위해 우리의 필요를 예상하고, 제때 빠르게 필요한
것을 제공한다. 하지만 점화 효과는 주의력을 관리하는 핵심 요소이기
때문에 우리의 주의력을 이용하고자 하는 타인에 의해서 이용당할 수
있다. 그들은 외부 자극을 처리하는 뇌의 규칙을 활용하여 우리의 주
의력과 (적어도 부분적으로는) 우리가 세계를 생각하는 방식도 통제하
려 한다.

익숙함이 신뢰를 낳는다: 무의식적 기억의 역할

우리는 인지하는 모든 것을 지속적으로 평가하고 있다. 안전한지 위험
한지, 좋은지 나쁜지, 재밌는지 지루한지, 기대했던 것인지 놀라운 것
인지 등. 이 평가는 감정으로 이어진다. 놀랍거나 위험한 것은 두려움
을 야기한다. 그 놀랍고 위험한 것이 오랫동안 우리의 주의력을 붙들
게 되면 공포가 된다. 반면에 놀라운 것이 위험하지 않은 것으로 밝혀
지면 웃게 된다. 혹은 즉각적인 공포로 흡입한 산소 때문에 숨을 크고
빠르게 쉬게 되는데, 이를 인지 과학자 데이비드 휴런David Huron은 '기
분 좋은 헐떡임pleasurable panting'[7]이라고 불렀다. 예측할 수 있고 해롭지
않은 것이 오래 지속되면 지루해진다(재미없지만 중간에 나가지도 못하
는 콘서트나 강연을 생각해봐라). 반면에 예측하기 어렵지만 해롭지 않
은 것은 혼란스러움으로 이어지고 오래 지속되면 좌절이 된다.[8] 이것

이 아방가르드 예술을 접할 때 느끼는 소름 끼치게 싫은 감정의 핵심이다. 그냥 음악이고 그림이고 조각일 뿐이지만 너무 오래도록 강력하게 주의력을 사로잡아서 결국 뇌가 어떻게 이해해야 할지를 모르겠는 그 느낌은, 진화적으로 말하자면 매우 나쁜 것이다. 따라서 한번 시도해 봤다가 나중에는 피하게 되어버린 상황들에 대해서 감정적인 반응을 보이도록 진화한 것은 매우 합리적이다.

감정은 매우 복잡한 것이다. 인지 과학 관련 책들은 처음부터 끝까지 인간의 감정을 다룬다고 해도 과언이 아니다. 하지만 인간이 온라인 미디어와 어떻게 상호작용하는지를 이해하려는 것이 이 책의 목적이기 때문에, 그 중 몇 가지 중요한 요소만 다룰 것이다. 허위조작정보, 단순허위정보, 가짜뉴스를 인식하는 우리의 (무)능력에 영향을 미치고 사회적 양극화를 촉진시키는 것들 말이다. **단순 노출 효과**mere exposure effect라는 단순하지만 강력한 것부터 살펴보자.

진화의 결과로 우리는 항상 우리가 마주치거나 인지하는 것(자극)이 긍정적인지 부정적인지 평가한다. 진화는 생사가 달려 있던 순간에 일어난 것이기 때문에 평가는 매우 빠르게 일어난다. 이런 빠른 판단은 우리의 목숨을 살릴 수 있지만, 특정한 사회적 여건에서 무의식적으로 일어나게 되면 과잉 일반화나 고정관념 같은 것을 형성할 수 있고 심한 경우에는 성차별주의와 인종 차별주의로 이어질 수도 있다.

뇌가 인지한 정보를 쉽게 처리할 수 있다면 자극을 접할 때 긍정적인 **정동***을 갖게 되는데, 그 처리의 용이성을 **지각적 유창성**perceptual fluency이라고 부른다. 뇌가 자극을 빠르고 어려움 없이 처리하고 이해하고 평가할 수 있다면 긍정적인 정동 혹은 감정이 유발된다. 그래서 바로 옆에 붙어있는 피아노 건반들을 동시에 누르면 우리의 귀는 '불협화음'처럼 느끼는 것이다.[9] 뇌는 인지한 대상들의 차이를 구별해서 범주화하는 것을 선호한다. 따라서 색, 소리, 생김새가 비슷한 경우에는 이를 처리하기 어렵기 때문에 부정적인 감정이 유발된다.

색이나 음을 구별하는 능력은 대부분 타고난다. 미술이나 음악을 공부하면 평균적인 사람보다는 더 세밀하게 판단할 수 있게 되지만, 아주 많이 세밀해지지는 않는다. 우리의 인지 능력이 얼마나 세밀하게 발달할 수 있는지는 사실상 내이나 망막의 신체적 한계로 결정된다.

하지만 어떤 차이들은 학습이 가능하다. 언어, 몸짓 언어, 표정은 반복적으로 보면서 배울 수 있다. 왜냐하면 우리의 뇌는 우리가 필요할 거라고 기대하는 일부 기억을 미리 활성화함으로써 에너지를 보존하기 때문이다. 뇌는 (완전히 새로운 건 말할 필요도 없고) 낯선 것보다는 주기적으로 접하는 것에 대해 더 준비되어 있다. 따라서 낯선 것을 분석하기 위해 필요한 자원보다 익숙한 것을 분석하기 위해 필요한 자원을 훨씬 더 손쉽게 활성화한다. 결과적으로 뇌는 낯선 것보다 익숙한

---

*affect. 인지, 의욕과 더불어 인간 마음의 3대 구성 요소 중 하나로, 감정emotion(개인적으로 중요한 상황을 다루기 위한 의식적인 반응의 패턴)과 기분mood(대개 낮은 강도로 일정 기간 지속되는 원인이 되는 대상이 불분명한 정서적 상태)을 포함하는 광범위한 정서적인 상태의 경험을 의미한다.

것을 더 빠르고 쉽게 처리한다. 빠르고 쉬운 처리가 긍정적 반응과 연관되기 때문에 동일한 조건에서 익숙한 것은 낯선 것에 비해 더 긍정적인 감정을 이끌어 내는 경향이 있다.

경험상 이는 당연하게 들린다. 우리는 음악이 기대한 대로 끝날 때 기분이 좋다. 놀랄 일이 없다. 모든 것이 제자리에 있는 것이다. 심지어 이 음악이 왜 이런 식으로 '진행되어야만' 하는지에 대한 음악 이론을 정확히 모를 때도 그렇다. 깨끗한 집이나 잘 가꿔진 정원을 보면 기분이 편안해지는 것도 마찬가지 이유다. 모든 것이 '그래야 하는 대로' 있을 때 뇌는 아무리 새로운 환경이라도 쉽게 받아들인다. (기억하자. 기나긴 진화의 역사를 통해 우리는 항상 위험을 경계하는 성향을 갖게 되었다. 모든 것이 제자리인 정돈된 환경에서는 눈앞의 상황을 다루기 쉽기 때문에 긴장을 풀어도 안전하다는 것을 의미한다.)

많은 과학적 연구들이 이 법칙이 작동한다는 것을 증명했다. 특히 유명한 한 연구에서는 연구자들이 한자에 대한 지식이 전혀 없는 피실험자들에게 일련의 한자를 보여주고 각 글자가 어떤 형용사를 상징한다고 생각하는지 물어봤다. 그랬더니 피실험자들은 이미 봤던 한자가 처음 본 한자보다 긍정적인 뜻을 내포하는 형용사라고 생각하는 경향을 보였다.[10]

단순한 연구처럼 보이긴 하지만, 사전에 글자를 봤는지 여부가 글자와 긍정적인 의미를 연관 짓는 정도를 통계적으로 유의미한 수준으로 증가시킨다는 점은 사실 꽤 주목할 만하다. 그리고 '통계적인' 인식은 무의식적으로 형성되기 때문에 이런 현상은 피실험자가 대상을 인지하는지와 무관하게 일어난다.

　음악 인지 연구에서도 이와 관련한 흥미로운 통찰을 얻을 수 있다. 많은 연구가 인간이 음악의 패턴을 어떻게 내면화하는지 측정하려고 시도했다.[11] 예를 들어 머리와 눈의 움직임을 추적해서 영아들의 음악적 기대를 테스트하고, 사람들에게 다음에 이어질 음을 불러 보라고 하고, 음이 멜로디에 얼마나 잘 '어울리는지'를 평가해 보라고 하고, 다음에 이어질 것이라고 생각하는 음에 돈을 걸라고 했다. 이렇게 많은 연구들이 다양한 각도에서 문제를 다루었지만, 대개는 같은 결론에 도달했다. 인간은 반복된 노출을 통해 패턴을 배우고 왜 그렇게 판단하는지 설명할 수는 없어도 배운 패턴에 부합하도록 기대하고 판단하는 데 탁월한 능력이 있다.

　한 연구[12]에서는 서구 음악가들에게 낯선 멜로디를 가진 인도네시아 전통 기악 협주곡인 발리 가믈란Balinese gamelan을 한 번에 한 음씩 들려줬다. (가믈란 음악을 들어 본적이 없다면, 유튜브에서 영상을 한번 찾아보라. 반하게 될 것이다.) 가믈란 음악은 클래식, 팝, 재즈, 블루스, 컨트리 등 모든 익숙한 장르와 다른 규칙에 따를 뿐만 아니라 서구 음악과 완전히 다른 음계 체계에 기반해 있다. 가믈란으로 베토벤을 연주할 수 없고 피아노로 가믈란 작품을 연주할 수 없다. 그냥 작동이 불가능하다. 여기에 가믈란 음악에 기존에 노출된 적이 없다는 점이 결합되면, 인간(이 경우에는 전문적인 서구 음악가들)이 아무 사전 지식이 없는 상태에서 완전히 새로운 음악적 스타일을 어떻게 '학습'하려고 접근하는지를 제대로 테스트할 수 있다.

실험자들은 각각의 피실험자에게 가믈란 멜로디의 첫 음을 들려주고 다음에 이어질 것으로 예상되는 음을 예측하라고 했다. 결과는 그 야말로 추측 그 자체로, 운에 맡기는 것과 다를 바 없었다. 피실험자들은 음을 두세 개 듣고서도 여전히 무모한 추측을 해댔다. 그러나 멜로디가 진행되고 피실험자들이 예측의 근거로 삼을 수 있는 더 많은 맥락을 파악하게 됨에 따라 예측은 나아졌다. 정확히 말하자면, 음악적 스타일의 규칙을 학습한 건 아니었다. 사실 그들은 음악적 스타일의 몇 가지 핵심 요소를 완전히 놓치고 있었다. 그러나 기본적 경향과 비율, 즉 스타일의 '통계'를 학습하고 있었다. 멜로디를 충분히 듣고 나서는 지금까지의 멜로디에 E플랫(E♭)보다 C가 더 많았으면 E플랫보다 C를 더 자주 예측했다. 멜로디가 끝날 때 즈음엔 그냥 운에 맡긴 것 보다는 더 잘 예측했다.

이렇게 패턴을 바르고 상세하게 무의식적으로 학습하는 능력은 인간성의 핵심적인 부분이다. 이 능력은 우리가 모국어를 습득하는 과정에서 큰 부분을 차지한다. 우리는 영어 유전자나 일본어 유전자, 혹은 페르시아어 유전자를 가지고 태어나는 것이 아니다. '엄마'나 '아빠'를 말하기 위해 어떻게 입술, 턱, 혀를 움직여야 하는지를 칠판 앞에 앉아서 배우지 않았다. 학습하려는 유전적 성향을 갖고 태어났고, 뇌는 가장 자주 듣는 패턴을 연마하고, 있는 힘을 다해 모방하고, 나아가 모방하는 능력을 향상시키려고 한다. 패턴에 기반하여 예측하고 평가하는 능력 또한 인간이 된다는 것의 핵심적인 부분이다. 불행하게도 이 때문에 인간은 낯선 것에 부정적으로, 심지어 폭력적으로 반응한다는 심각한 결함을 갖게 되었다. 인종 차별주의, 성차별주의, 동성애 혐오, 트랜스젠더 혐오, 외국인 혐오……. 이 모든 것은 낯선 것에 부정적으로 반응하고 낯선 것을 위험과 위협에 연관 짓는 우리의 오래된 습관에서 유래한다.

물론 우리가 사물을 평가하는 방법에 영향을 미치는 다른 요인들도 있다. 앞서 언급한 바와 같이 (실험 상황이 아니라) '맥락 속에서' 사물에 거듭 관심을 가지고 참여하면서 형성되는 연관성도 중요한 역할을 한다. 그러나 다른 조건이 같다면 익숙함, 심지어는 무의식적인 익숙함이 사물, 사람, 관념에 대해 더 긍정적인 평가를 이끌어 낸다.

이 핵심적인 심리학의 원칙이 많은 광고 관행의 토대이다. 상품 배치를 생각해 보자. 영화나 예능에 상품을 은근히 집어넣는 것은 종종 일반 광고만큼의 비용을 지불해야 한다. 이런 간접 광고(PPL)는 당신이 상품에 더 친숙해지도록 미리 활성화시켜 미래에 구매 여부를 결정할 때 보다 긍정적으로 작동하도록 당신을 '점화'한다. 주인공이 프로포즈를 하는 순간 뒤로 보이는 레스토랑의 간판이나 주인공이 내미는 반지의 브랜드처럼 대놓고 관심을 끄는 것일 수도 있고, 화면에 겨우 들어오는 테이블 모서리에 있는 음료수 라벨처럼 좀더 은근한 것일 수도 있지만 원칙은 같다. 다른 모든 조건이 같다면 관심과 참여의 반복은 긍정적인 평가를 이끌어 낸다.

광고의 세계에서 가장 성공적인 사례는 애플의 흰색 이어폰이다.[13] 아이팟은 숨길 수 있을 정도로 작다는 게 장점이었기 때문에, '저거 봐! 나도 갖고 싶다!'는 식의 마케팅 캠페인을 할 수는 없었다. 그러나 당시에 흰색 이어폰은 엄청나게 희귀했다. 그래서 아이팟(나중엔 아이폰)을 사면 눈에 띄는 흰색 이어폰을 제공함으로써 아이팟은 듣는 사람의 주머니 속에서 정체를 숨기면서 이어폰을 중심으로 마케팅을 할 수 있었다.

애플은 시각적 마케팅 캠페인에서 이 점을 이용했다. 밝은 단색의 배경 앞에서 춤추는 검은 실루엣이 나왔던 TV 광고, 포스터, 지면 광고를 기억하는가?[14] 그 춤추는 사람은 항상 손에 아이팟을 들고 있다(아이팟도 검은 실루엣의 일부분이다). 그 사진이나 영상에서 유일하게 다른 요소는 바로 애플의 이어폰이다. 검정색, 분홍색, 주황색, 초록색과 확연히 대비되는 흰색 이어폰이 광고에서 눈길을 끈다. 광고에서 강조된 이어폰과 길거리나 전철에서 마주친 이어폰이 서로를 강화하면서, 우리는 아이팟이 어디에나 있다는 인상을 받고 애플의 상징에 익숙해졌다. 이때까지 귀와 주머니를 연결하는 줄의 색깔을 보는 것만으로 특정 브랜드를 떠올리는 일은 한 번도 없었다. 그러나 애플은 뇌가 작동하는 방식을 이용하여 희귀하지만 눈에 띄는 것을 의도적으로 고르고 시각적 광고를 통해 강화함으로써 그 누구도 하지 못했던 일을 해냈다.

하지만 익숙함 자체가 긍정적인 반응을 항상 담보하지는 않는다. 흰색 이어폰도 시장에서 포화 상태에 도달하면 너무 많이 보이기 시작한다. 애플의 술수를 알아챘거나 다른 사람들과 똑같아지기 싫은 사람들은 이제 다른 상품을 찾는다. 그래서 광고업계가 수십 년 동안 **어느 정도가 너무 많은 것인지** 자문했던 것이다. 지속적으로 마케팅을 전개할 예산이 없다면 어마어마하게 비싼 슈퍼볼Superbowl 광고는 값어치를 하지 못한다. 그렇다고 해서 모든 프로그램의 광고 시간마다 같은 광고를 하면, 설령 주의력을 끌 수 있다해도 예산만 낭비하고 부정적인 반응만 얻게 될지도 모른다. 광고를 할 때는 (모든 사람마다 다른) 최적 지점을 찾는 것이 중요하다.[15]

그리고 두 가지가 기억 속에서 연관되어 있을 때 한 가지가 활성화되면 동시에 나머지 하나도 활성화된다는 점을 기억할 필요가 있다.[16] 그러니까 흰색 이어폰에 반복적으로 노출되면 그 이어폰과 이어폰이 연결된 장치에 익숙해지겠지만, 기존에 이어폰, 아이팟, 애플과 관련해 부정적인 기억이 없는 경우에만 긍정적으로 평가할 것이다. 그래서 큰 스캔들이 터진 후에 기업들이 자주 상품명이나 기업명을 바꾸면서 브랜드를 새로 만드는 것이다.

이제 소셜 미디어와 빅데이터 분석의 잠재적 함의를 이미 눈치챘을 것이라고 생각한다. 무언가를 너무 자주 보는 것은 역효과를 불러오고 충분히 자주 보지 않는 것은 효과가 없다. 그리고 사람마다 이에 대한 최적 지점이 다르기 때문에 누군가가 광고를 얼마나 자주 보는지 개인화하면 광고 효과를 최적화할 수 있다. 마찬가지로 사람마다 보고 듣는 것에 대한 평가에 영향을 주는 기억 속의 연관들이 다르기 때문에, 광고 콘텐츠를 개인화하면 광고 효과를 최적화할 수 있다.

물론 모든 개인이 완전히 특별한 건 아니다. 나와 당신이 같은 광고를 보며 다르게 반응한다고 해도 같은 콘텐츠를 같은 스케줄로 보여주면 충분히 비슷한 반응을 보일지도 모른다. 그래서 광고업계는 굉장히 오랜 시간 동안 사람들은 몇 가지 그룹으로 나눠왔다. 18-25세의 싱글 남성, 중산층 가정의 10대 소녀, 연금으로 생활하는 은퇴한 독거 노인, 도시 거주자, 교외 거주자, 농장주 등. 마케터들은 인구 통계학에 기반해 사람들을 그룹으로 나누고 시장 조사 결과에 따라 그룹별로 타깃 광고를 한다. 그래서 평일 아침 드라마 시간대보다 어린이 프로그램 시간대에 장난감 광고가 훨씬 많은 것이다.

하지만 TV 광고는 광고업계가 원하는 만큼 정밀하게 타깃할 수는 없다. 같은 시간에 같은 쇼를 본다고 해서 특정 상품을 사거나 특정 후보에게 투표할 확률이 높아지지는 않는다. 당연히 우리의 정체성은 TV 시청 습관, 출근길에 선호하는 라디오 채널, 잡지 구독 여부에 따라 정의되거나 묶이지 않는다.

인터넷은 이 방정식을 극적으로 바꿔 놓았다. 인터넷 기술은 광고업계(그리고 모든 종류의 정보 공급자)가 아주 작은 그룹의 사람들(심지어 개인들)을 정밀하게 타깃할 수 있게 해준다. 개인을 광고로 타깃하는 것은 주요 온라인 플랫폼에서 대부분 금지되어 있다. 하지만 여론 공작 세력이 윤리적이지 않아도 능력은 있다면 이용할 만한 빈틈은 많다. 최적의 콘텐츠와 최적의 시간대가 개인마다 다르다면, 비슷한 선호와 연관을 가진 사람들이 TV 시청이나 출근 스케줄에 따라 분류되는 것이 아니라면, 온라인으로 타깃하는 것이 훨씬 더 합리적인 방법이다. 어떤 사이트에 방문했는지, 어떤 링크를 클릭했는지, 어떤 사진과 영상을 봤는지, 어떤 음악을 들었는지, 어디에 좋아요를 눌렀는지, 어떤 글을 리트윗 했는지, 어떤 포스트에 분노 이모지를 눌렀는지 등의 정보가 전부 기록되고 (적어도 필터로라도) **광고업계가 이 정보에 접근할 수 있다면** 마케팅을 할 때 인간의 인지에 관한 지식을 활용할 수 있을 것이다.

모든 '광고성 게시물sponsored post'이 사실상 광고인 세상에서 광고는 단순히 물건을 파는 것에 관한 게 아니다. 정치적 캠페인, 저널리스트와 프리랜서들이 작품을 홍보하는 것, 인디 뮤지션이 관객을 찾는 것, 발명가들이 시제품을 크라우드펀딩 하는 것에 관한 것이다. 정보를 주고받거나 인간 행동에 영향을 미치고자 할 때, 자금이 충분한 사람은 누구나 데이터 1비트도 직접 모을 필요 없이 아주 세밀한 방식으로 타깃 광고를 할 수 있다. 그리고 플랫폼이 설정한 모든 제한에도 불구하고 비윤리적인 공작 세력은 정말로 구린 일들을 할 수 있다. (이에 관한 더 많은 이야기는 다음 장에 나온다.)

요약

뇌는 최적화된 저장 방법과 강력한 예측 분석 엔진을 가진 크고 복잡한 정보 처리 시스템이다. 최고의 인공지능 시스템이 여전히 따라잡으려고 노력하는 진정한 지능이다. 그러나 뇌의 최적화된 정보 저장 기능과 예측 분석 알고리즘의 결과에는 주의력이라는 병목이 있다. 주의력은 기억과 오감으로부터 얻는 신호를 포함하여 주어진 시간 안에 '생각할 수 있는' 작은 양의 정보를 말한다. 생물학적으로 주의력은 엄청나게 강력하지만 엄청나게 비싸고, 그래서 엄청나게 제한적이다. 우리는 진화를 거듭하며 의식적 주의력의 영역으로 불러들인 정보에 우선순위를 부여하는 과정을 발달시켰다. 이 과정은 특정한 종류의 자극에 항상 우선순위를 부여하는 타고난 규칙들, 그리고 주의력을 지배하는 새로운 우선순위와 연관성을 배우는 능력을 포함한다.

이 장에서 배운 중요한 것 중 하나는 통계적 빈도(익숙함)다. 우리가 자주 관심을 가지고 참여하는 기억은 쉽게 접근할 수 있게 준비된 상태로, 즉 '미리 활성화된' 상태로 남아있다. 또한 우리는 기억과 자극의 관계에 대해 배웠다. 우리가 기억 속의 무언가와 상호작용하면 뇌가 그것과 관련 있는 모든 것들의 활성화 정도를 높여서 예측한 것을 처리하기 쉽게 만들어 준다.

다른 조건이 동일하다면 인지가 처리하기 쉬울 때 긍정적인 감정적 반응을 형성한다는 것도 배웠다. 그리고 무의식적인 익숙함은 우리가 인지하는 것에 대해 긍정적 반응을 이끌어 낼 수 있다.

물론, 익숙함을 인지하고 있는지와 무관하게 무엇인가에 익숙한 정도와 (긍정적이든 부정적이든) 이미 그것에 대해 형성한 연관은 매우 개별적이다. 광고업자들이 수십 년 동안 우리를 그룹으로 나누어서 우리가 속한 특정 그룹에 가장 효과적일 것 같은 광고를 제공해왔지만, 최적의 해결책은 개인화이다.

그러나 완전히 개인화된 광고에는 몇 가지 문제점이 있다. 먼저 그런 광고를 하려면 개인에 대한 몇 톤의 (그 중 다수는 우리가 사적이라고 볼 만한) 데이터에 접근해야 한다. 우리가 무엇을 보고 듣고 냄새 맡고 맛보고 만졌는지, 우리가 그것과 어떤 맥락에서 상호작용했는지, 다양한 맥락에서 우리가 어떻게 반응했는지에 대한 정보가 포함된 데이터 말이다. 만약 적합한 데이터가 없다면 빈 곳을 메꾸기 위한 수단이 필요하다. 광고업계가 원하는 만큼 우리를 조종하기 위해 필요한 데이터를 가지고 있다면, 완전히 개인화된 광고는 우리의 행동과 심리에 영향을 미칠 수 있고, 심지어 광고업계가 의도하지 않았고 생각해보지도 않은 방향으로도 작용할 수 있다. 그리고 같은 광고를 보는 사람들이 TV 시청자나 잡지 구독자보다 훨씬 더 수가 적고 분산되어 있기 때문에, 의도적이든 아니든 그 영향은 규제하기 더 어렵다. 마지막으로 과도한 타깃 광고를 효과적으로 만들려고 수집한 (사적인) 데이터가 팔리고 유출되고 해킹 된다면 무슨 일이 일어나겠는가?

이 질문들의 대답은 4장 이후에 찾아볼 것이다. 그전에 먼저 주의력 경제, 우리의 인지적 한계, 개인화되고 타깃된 콘텐츠가 어떻게 알고리즘 뉴스피드를 통해서 점점 현대 사회의 중심적인 특징으로 작동하는지 알아보자.

3장

물살을 거슬러 헤엄치기

콘텐츠 추천 엔진이 어떻게 우리의 주의력을 조종하는가

정보 경제에서 주의력 경제로 이동한 지난 이십 년 동안 우리의 미디어 환경도 거의 동시에 매스 미디어에서 소셜 미디어로 이동했다. 이용할 수 있는 미디어가 극적으로 증가함에 따라 개인들은 말 그대로 손가락 끝에서 접하게 된 미디어를 알아서 걸러내야 하는 피할 수 없는 상황에 처하게 되었다. 콘텐츠 추천 시스템은 이런 사회적, 정보적 문제에 대한 기술적 해결책으로 등장했다. 추천 알고리즘이 어떻게 작동하는지, 그것이 무의식적인 인간의 편견을 어떻게 강화(심지어 과장)하는지를 이해하는 것은 데이터가 여론에 영향을 미치는 방식을 이해하는 데 있어서 필수적이다.

무엇이 달라졌는가

온라인 광고 때문에 소름이 돋을 수 있다.

내 아내는 꽤 예전에 페이스북에서 이상한 광고를 봤다. 페이스북은 아내가 쿠션 의자에 관심이 있을 거라고 예상한 것 같았다. 아내는 '웃기다 이거, 방금 엄마랑 통화했을 때 엄마가 딱 그런 쿠션을 찾고 있다고 얘기했는데'라고 생각했다. 몇 주 후에 비슷한 일이 또 일어났다. 이번에는 아내가 몇 년 동안 간 적 없지만 장모님이 방금 방문했던 가게에서 파는 테이블 램프였다. 나는 지난 달에 장모님 댁에 방문했을 때 페이스북에 로그인 했었는지 물어보았고 아내는 그렇다고 대답했다. 아내는 일을 다 보고 나서 로그아웃 했다고 확신했지만 페이스북이 장모님의 웹 브라우저에 심어 놓은 쿠키*는 장모님이 쿠션과 램프를 온라인으로 구매할 때도 여전히 남아 있었다. 몇 번의 웹 검색(과 신용 카드 구매)을 통해 장모님의 구매 내역이 페이스북 서버에 있는 아내의 프로필에 동기화 되었던 것이다. 그래서 장모님이 필요한 물건들을 둘러보고 있을 때, 아내가 자신의 페이스북 피드에서 비슷한 상품에 대한 광고를 보았던 것이다.

이 경우에 페이스북은 아내와 장모님의 온라인 정체성을 혼동하면서 실수를 했다. 하지만 플랫폼들이 쓸데없이 '너무' 잘 알아내는 다른 경우도 있다.

---

*cookie. 웹사이트 이용의 편의성을 위해 사이트를 방문한 이용자의 정보와 방문 기록을 저장하는 텍스트 파일을 뜻한다. 주로 사용자의 아이디, 패스워드, 접속 위치, 장바구니 물품 목록 등의 정보가 담긴다.

몇 년 전에 뉴스에서 이런 이야기를 들어봤을 것이다. 한 아버지가 타깃Target이라는 쇼핑몰에서 십대인 딸에게 보낸 우편 광고를 보고 매우 화가 났다. 그 광고가 딸에게 기저귀, 아기침대, 아기 옷, 기타 임신과 관련한 물건들을 사라고 권했던 것이다. 그 아버지는 타깃의 매니저에게 "지금 제 딸한테 임신하라고 권장하는 겁니까?"라고 여러 차례 항의했다. 그런데 며칠 후 매니저가 사과하기 위해 다시 전화를 했을 때, 아버지는 의외의 대답을 했다. "우리 집에서 일어나고 있던 일을 제가 전혀 알아채지 못했습니다. 딸의 출산 예정일이 8월이랍니다. 사과는 제가 당신에게 해야겠습니다."[1]

타깃은 오늘날 많은 소매업자들과 마찬가지로 기존 고객들이 다른 경쟁업체를 이용하지 않고 모든 물건을 자사에서만 구매하도록 설득하기 위해 노력했다. 이를 위해 타깃은 고객의 구매 이력을 이용해서, 앞으로 고객이 무엇을 살지를 예측하고, 그 예측에 따라 개인화된 광고와 쿠폰을 보냈던 것이다.

그러나 광고업체만이 소비자의 데이터를 활용하여 과도하게 개인화된 결과를 내놓는 예측 엔진을 사용하는 것은 아니다. 사피야 우모자 노블Safiya Umoja Noble의 책 《구글은 어떻게 여성을 차별하는가》에는 구글 검색 결과 때문에 그가 겪었던 불쾌한 경험이 언급되어 있다. 노블은 자신의 딸과 딸의 친구들에게 미국의 교외 지역에서 젊은 유색인 여성으로 성장한다는 것에 대해 이야기하고자 했다. 그는 관련 자료들을 찾으려고 노트북을 꺼내 구글에서 '흑인 소녀black girls'를 검색했다.

나는 의도하지 않았지만 아이들에게 광고업자들이 흑인 소녀를 어떻게 생각하는지를 가장 생생하고 공공연하게 드러내는 이미지를 보여주게 되었다. 흑인 소녀들은 성적인 만족을 위한 상품으로써 포르노 사이트에서나 쓸모 있는 존재들이었다. 나는 노트북을 덮고 나서 재밌는 영화를 보자고 아이들의 주의를 돌렸다.[2]

노블의 책은 앞서 1장에서 본 것과 같은 사회적 편견에 근거한 수많은 검색 결과로 가득 차 있다. '고릴라'를 검색하면 흑인의 사진을 보여주고, '소녀'를 검색하면 '소년'을 검색할 때보다 더 성숙하고 성애화된 이미지가 나온다. 이런 사례들에서 보여주는 검색 결과는 '개인화된' 것이 아니다. 노블은 구글 검색 엔진이 검색 결과 첫 번째 페이지에서 포르노그래피를 제공할 것이라고 전혀 기대하지 않았다. 그 검색결과는 알고리즘을 개발한 프로그래머들의 편견과 '흑인 소녀'를 검색한 결과 중 젊은 유색인 여성을 위한 역량 강화 자료보다 포르노 사이트를 더 많이 클릭한 다른 사용자들의 편견에 따른 것이었다. 그리고이 편견들은 대부분의 사용자들이 보기 '원하는' 것이라고 여겨지는검색 결과를 만들어냈다.

이제 구글은 이런 문제들에 대처하고 있다. 내 컴퓨터에서 세이프서치SafeSearch 기능을 끄고 '흑인 소녀' 같이 중립적인 것을 검색하면옷을 잘 갖춰 입은 흑인 여성의 이미지뿐 아니라 '블랙 걸스 락!Black Girls Rock![해마다 다양한 영역에서 두각을 나타낸 흑인 여성을 기리는 시상식—옮긴이]', '블랙 걸스 코드Black Girls Code[아프리카 계 미국인 소녀들에게 기술 교육을 제공하는 비영리 단체—옮긴이]' 같은 사이트가 나온다. (그러나 실제 '소녀'의 이미지는 아주 소수에 불과하다. 부족한 점이 있다고 해서 진보를 진보가 아니라고 할 수는 없지만 여전히 할 일이 많다.)

하지만 검색어 자체가 중립적이지 않다면 어떨까? 검색어 자체가 대놓고 인종 차별적이라면?

2015년 사우스캐롤라이나주의 찰스턴에서 테러리스트 딜런 루프 Dylann Roof는 다수의 인명을 살상하기 전에 선언문을 남겼다. (테러리스트의 '선언문'을 다룬다고 해서 그가 하는 주장을 곧이곧대로 받아들이지는 않는다는 것을 여기서 명확히 말해두고자 한다.) 그 선언문에서 루프는 구글 검색이 자신에게 '인종 전쟁'을 해야 할 동기를 부여했다고 주장했다. 루프는 '백인을 대상으로 한 흑인의 범죄'라고 검색한 결과에서 스스로 급진화되기에 충분한 정보를 찾을 수 있었다고 했다.[3] 그 후 구글은 업데이트를 해서 이런 검색 결과를 수정했고, 오늘 같은 단어로 검색한 결과 상위 열 개의 검색 결과 중 세 개는 미국 정부의 공식적인 범죄 통계로 연결된다. 하지만 2015년에 인구 통계학적으로 분류된 범죄 통계를 찾아보려고 '백인을 대상으로 한 흑인의 범죄'나 '흑인을 대상으로 한 흑인의 범죄' 같은 검색어를 사용한 사람은 거의 없었을 것이다. 오직 인종 차별주의자들만 이런 검색어를 쓰기 때문이다. 검색 엔진 사용자들이 가지고 있을지도 모르는 인종 차별주의가 검색 과정에 반영되기 때문에, 아무리 '중립적인' 알고리즘도 인종 차별적인 웹 사이트를 가장 바람직한 결과라고 내놓게 되는 것이다.

자, 이제 다시 명확히 정리해보자. 교회의 성경 공부 모임에서 생판 모르는 사람 아홉 명을 죽일 수 있는 사람이 '백인을 대상으로 한 흑인의 범죄'라고 검색할 때, 이 사람은 이미 급진화의 길에 들어서 있는 것이다. 루프는 구글 검색에 '의해서' 급진화된 것이 아니다. 하지만 검색 엔진들이 '흑인 소녀' 같은 '중립적인' 검색어에 대해서도 편견을 반영하는 결과를 제공한다는 점을 고려하면, 검색어 자체가 편견이나 증오로 가득할 때는 예측 결과가 얼마나 치우칠 수 있는지 잘 살펴봐야 한다.

《가디언The Guardian》의 기자인 캐롤 캐드월레어Carole Cadwalladr가 몇 년 전에 경험한 일은 검색 엔진 알고리즘의 편견 증폭 효과를 가장 확연하게 드러내는 사례일 것이다.

> 일주일 전, 나는 구글에 "did the hol"이라고 쳤는데 "Did the Holocaust happen?(홀로코스트가 일어났는가?)"라는 검색어가 자동 완성 되었다. 이를 클릭하자 검색 결과 페이지 상단에는 스톰프론트Stormfront라는 네오 나치Neo-Nazi 백인 우월주의자 웹 사이트가 있었고 거기에는 〈홀로코스트가 일어나지 않았다는 열 가지 이유〉라는 제목의 글이 있었다.[4]

이 사건에 대한 구글의 초기 대응은 반유대주의적인 내용의 검색 결과 자체보다 훨씬 더 문제적이었다. 구글은 '혐오 조직이 여전히 존재한다는 것은 유감입니다. 그러나 특정 혐오 사이트가 검색 결과에 나왔다고 해서 구글이 그런 관점을 지지한다는 것을 의미하지는 않습니다'라는 성명서를 내면서 네오 나치 사이트를 검색 결과에서 제거하지 않기로 결정했다.

하지만 결국 구글은 검색 결과를 수정했다.[5] 이제 '홀로코스트가 일어났는가?'라고 구글에 검색하면 결과 페이지 전체에 홀로코스트가 일어났다는 것이 분명한 사실임을 보여 주고 홀로코스트를 부정하는 현상을 설명하는 내용이 나타난다. 지금 검색해 보니 첫 페이지에는 이 검색 용어 스캔들의 역사에 관한 《가디언》의 기사도 나온다.

구글의 초기 대응은 알고리즘은 중립적이기 때문에 아무리 검색 결과가 도덕적으로 비난 받을 만한 것이라고 해도 사람이 개입해서 바꾸는 것은 부적절하다는 관점을 드러낸다. 이것이 이 장에서 분석하고자 하는 핵심적인 부분과 연결된다. '알고리즘의 중립성'이라는 관념은 데이터 과학의 신화에 불과하다. 머신 러닝 모델 개발의 취지는 알고리즘이 기대하는 결과를 내지 못할 때 기계가 스스로 알고리즘을 다듬는 것이다. 실수와 편견은 항상 시스템에 영향을 미치고, 때로는 알고리즘이 대규모로 실행되고 나서야 시스템이 오류를 발견할 수 있기 때문이다.

검색 엔진은 끊임없이 진화하고 있다. 매일 수백만 건의 검색이 실행되고 각각의 검색 엔진이 실시간으로 '학습'해서 데이터셋을 변경한다. 따라서 검색 엔진 알고리즘은 프로그래머의 (무)의식적인 편견을 퍼뜨릴 뿐만 아니라, 사용자가 (무)의식적으로 알고리즘을 자신에게 유리하게 이용하려는 시도에도 열려 있다.

제대로 견제하지 않으면, 콘텐츠 추천 알고리즘은 편견 증폭기가 된다. 이 때 콘텐츠 추천 알고리즘에는 검색 엔진은 물론 소셜 네트워크 피드도 포함된다. 콘텐츠 추천 알고리즘이 어떻게 작동하는지를 대략적으로 이해하면, 온라인에서 스스로 급진화되는 현상, 당파적인 양극화, 특정 세력이 자신들의 의제에 주목하도록 대규모로 플랫폼을 조종하는 방법에 대해서 더 잘 이해할 수 있다. 그리고 이를 이해하면 소셜 네트워크의 뉴스피드와 검색 결과에서 맞닥뜨리는 정보에 대해 보다 비판적으로 생각할 수 있고, 온라인 공간에서 긍정적인 변화를 가져오기 위한 발판을 마련할 수 있다.

이제 한 걸음 더 들어가보자.

스트림이 어떻게 작동하는가

소셜 미디어의 검색 알고리즘은 중요한 영업 비밀이다. 직접 작업하는 개발자들을 제외하면 아무도 알고리즘이 작동하는 상세한 방식을 완전히 알 수가 없다. 그러나 머신 러닝 알고리즘의 일반적인 작동 방식을 이해하고 그 검색 모델의 입력과 산출을 함께 관찰해 본다면 많은 세부 사항들을 분석할 수 있다. 여기에 이 모델들을 뒷받침하는 데이터 과학자들의 연구 논문들까지 추가하면, 알고리즘이 어떻게 작동하고 그것이 사회에 어떤 영향을 미치는지에 대해 꽤 제대로 그려볼 수 있다.

검색 엔진을 예로 들어 보자. 누군가가 이미지 검색을 할 때 검색 알고리즘 혹은 검색 모델은 사람들이 가장 많이 클릭할 것 같은 이미지를 목록의 상단에 배치하기 위해 검색 결과 이미지와 함께 수많은 검색어를 고려한다.

　검색어 외에 사용자 프로필 정보와 사용자의 과거 활동으로부터 얻은 정보도 고려 대상이 된다.[6] 예를 들어 검색 엔진이 내가 미국에 살고 있는 것을 알고 있다면, 내가 인도나 베네수엘라에 있을 때와는 다른 검색 결과를 얻게 된다. 대부분의 플랫폼에 저장되어 있는 내 프로필은 성별, 연령, 교육 수준, 결혼 상태, 인종 등에 대한 정보를 포함하고 있다. 내가 그 정보를 제공했거나 플랫폼이 내 활동으로부터 추론했기 때문이다.[7] 물론 추론된 데이터는 불완전하지만 (내 구글 계정 중 하나는 내가 남성이라고 생각하고 다른 하나는 내가 여성이라고 생각하는데, 둘 다 내 음악과 스포츠 취향을 심하게 잘못 추론하고 있다.) 사용자가 제공한 데이터와 더불어 콘텐츠를 개인화하는 목적으로 사용되고 있다.

　어떤 콘텐츠를 추천할지 결정하기 위해서 알고리즘이 따져보는 사용자의 과거 활동은 플랫폼에 따라 다르다. 검색 엔진은 아마도 과거 검색 이력이나 접속한 사이트들을 볼 것이다. 광고 플랫폼의 경우는 제휴 업체에서의 구매 내역, 제휴 쇼핑몰에서 본 제품들, 소셜 미디어에 방문 기록이 많이 남아 있는 지역의 소매업체들을 살펴볼 것이다. 소셜 네트워크 서비스는 사용자의 포스팅이나 사용자가 '관심을 갖고 참여'한 콘텐츠의 종류를 볼 것이다. 이 때, 사용자의 관심과 참여의 정도는 좋아요, 댓글, 클릭 때로는 스크롤을 내리지 않고 게시물을 본 시간으로 측정된다.[8]

　하지만 어떤 콘텐츠를 볼지 결정하는 데 도움을 주는 가장 결정적인 요소가 남아있다. **바로 나와 아무런 상관이 없는 데이터다.**

해당 콘텐츠를 다른 콘텐츠와 구별하는 데이터와 메타데이터, 그리고 그 콘텐츠에 대한 사람들의 반응과 같은 일반적인 정보 말이다. 이외에도 '다른 사용자들'의 활동에 관한 정보 역시 포함된다.[9]

다른 사용자들의 데이터는 모든 콘텐츠 추천 엔진의 핵심이다. 그 데이터가 없으면 오로지 과거의 사용자 활동만 가지고 다음에 보여줄 최고의 콘텐츠를 추천해야 하기 때문이다. 모든 사람과 상황은 고유한 것이기 때문에, 그 적은 데이터만으로는 결정의 근거로 삼을 만큼 충분한 배경지식을 확보하기는 어렵다. 많은 경우, 예측하는 데 쓸 만한 적절한 데이터가 없어서 안개 속을 비행하는 것과 같을 것이다. 그러면 알고리즘 추천의 질이 떨어진다. 하지만 이렇게 생각해 보자. 많은 점에서 콘텐츠 추천 엔진은 소개팅 앱과 같다. 사람과 사람을 연결하는 대신 사람과 콘텐츠를 연결한다는 점만 제외하면 말이다. 매칭을 진행하기 전에는 최소한의 데이터만 요구하지만, 본격적으로 매칭을 할 때는 완전한 프로필을 만들어서 적합한 상대방을 선택하고 순위를 매겨야 한다. 이 일은 오직 소개팅 앱만 할 수 있는 일이다.[10] 의대 졸업생을 전공 과에 배정하는 알고리즘도 마찬가지다.[11] 하지만 검색 엔진, 소셜 네트워크, '개인화된' 교육 앱의 알고리즘은 사용자가 전에는 관심을 보이지 않았던 콘텐츠에도 순위를 매길 필요가 있다. 이 문제는 사용자 데이터와 다른 사용자들의 데이터를 결합하는 **협업 필터링** collaborative filtering으로 해결할 수 있다.

협업 필터링을 이해하기 위해서 음악 취향을 담은 간단한 프로필을 만든다고 해보자. 특정 사운드 트랙에 있거나 없는 수많은 음악적 특징들을 떠올려 보자. 디스토션 기타, 그랜드 피아노, 오페라 같은 소프라노 보컬, 장조, 단조, 빠른 박자, 느린 박자, 즉흥 솔로 연주 등. 이러한 특징 중에는 있고 없고 정도를 구별하면 되는 단순한 수준도 있고, 악기 간 상대적인 음량의 크기와 분당 비트 수처럼 섬세한 차이를 측정해야 하는 복잡한 수준도 있다. 데이터 처리 모델이 더 많은 특징을 다룰수록 더 정교한 예측이 가능하다. 그러나 더 많은 특징을 다룰수록 더 많은 데이터를 필요로 하며, 적어도 그 중 몇 가지는 사용자 프로필에 없을 확률이 높다.

여기에서 역설이 발생한다. 사용자가 좋은 경험을 하도록 보장하기 위해서, 특히 새로운 사용자를 사로잡기 위해서 추천 엔진은 음악을 추천하기 전에 사용자에 관한 데이터를 가능한 많이 수집해야 한다. 그러나 다른 한편으로 추천 엔진은 사용자가 좋은 경험을 하도록 보장하고, 가능한 멈추지 않고 좋은 음악을 제공해야 하기 때문에 짧은 시간에 새로운 사용자를 파악해야 한다.

즉, 추천 엔진 알고리즘은 사용자에게 고품질의 경험을 제공하기 위해서 사용자의 완전한 프로필 없이도 사용자에게 좋은 콘텐츠가 무엇인지 예측할 방법이 필요하다. 여기서 협업 필터링이 등장한다.

협업 필터링은 한 사용자의 프로필을 다른 사용자들과 비교하여 프로필의 빈 곳을 채울 수 있는 방법을 제공한다.[12] 작동 원리는 다음과 같다. 만약 사용자 A와 사용자 B에 관한 데이터 중에서 서로 공유되는 것이 있다면, 아직 알지 못하는 사용자 A의 음악 취향을 사용자

B가 가진 데이터로 추측해 볼 수 있다. 다시 말해, 한 친구와 내가 둘 다 디스토션 기타와 빠른 박자의 곡을 좋아하지만 재즈 스타일의 곡을 싫어하면, 알고리즘은 내가 좋아하는 클래식 음악을 친구에게 추천하고 친구가 좋아하는 컨트리 음악을 나에게 추천할 것이다. 우리의 완전하진 않지만 서로 겹치는 프로필이 서로에게 음악을 추천하는 '필터'로써 '협업'한다는 점에서 협업 필터링이라고 부르는 것이다.

하나의 모델에 수백만(페이스북의 경우 수십억) 명의 사용자들이 데이터를 제공하기 때문에, 알고리즘은 이론적으로 모든 사용자들을 수백만 개의 '협업' 그룹으로 묶을 수 있다. 같은 그룹에 속한 수백 혹은 수천 명의 사용자들의 프로필은 하나의 슈퍼 프로필로 합쳐진다. 슈퍼 프로필은 해당 그룹에 속한 사용자들을 위한 잠재적 콘텐츠를 고르고 순위 매기는 데 사용될 수 있고, 각각의 사용자들은 (그들이 아는 어느 누구와도 다른) '개인화된' 경험을 하게 될 것이다.

예를 들어 내가 멜론에 가입하고 나서 '1990년대 명곡 모음'을 재생하면, 멜론은 그 플레이리스트에 좋아요를 누른 다른 사용자들의 취향에 따라 음악을 추천할 것이다. 쿨에는 싫어요를 누르면서 패닉에 좋아요를 누르면, 쿨의 〈애상〉보다 패닉의 〈내 낡은 서랍 속의 바다〉를 선호하는 소수의 그룹과 나를 같은 부류로 인식할 것이다.[*]

요약하자면 추천 엔진은 데이터가 많을수록 더 잘 예측한다. 관찰한 활동이 개별 사용자의 개성을 잘 드러낼수록, 관찰할 때마다 더 많

---

[*]독자의 이해를 돕기 위해 원서에 나오는 비유를 한국의 사례로 변형했다.

은 특징들을 알게 될수록 좋다. 그러나 추천 엔진이 많은 특징을 담으려 할수록 각 사용자의 중요한 특징은 프로필에서 누락되어 있을 가능성이 높다. 그래서 파악하지 못한 특징에 관한 데이터를 채워줄 수 있는 슈퍼 프로필을 만들기 위해, 부가적인 알고리즘 모델이 사용자들을 이미 알고 있는 특징의 유사성에 따라서 묶는다. 예측 모델은 이렇게 완성된 새로운 프로필을 이용해 콘텐츠를 추천한다. 사용자들은 이를 '개인화된' 경험으로 인식하지만 사실 유사한 프로필을 공유하는 '집단화된' 경험이다. 다른 많은 사용자들도 나와 비슷한 경험을 하지만, 내가 그들과 상호작용할 일이 없다는 이유로 내 경험을 특별한 것으로 느끼는 것이다.

편향 증폭기

1장에서 의사, 간호사, 교사, 선생님을 검색했을 때 나온 전형적인 이미지를 떠올려보자. 앞서 언급한 대로, 알고리즘과 그 알고리즘을 사용하는 인간 사이의 피드백 루프는 인간의 편견을 더욱 증폭시킨다. 이제 협업 필터링을 약간 이해했기 때문에, 피드백 루프를 보다 자세히 이해할 수 있다.

〈그림 1〉은 통제되지 않은 알고리즘의 콘텐츠 전달 과정이 어떻게 인간의 편향을 증폭하고 전파하는지에 대한 피드백 루프를 보여준다. 사용자가 무엇인가를 검색하면 검색 엔진은 검색어는 물론 검색과 관련된 메타데이터(위치와 시간 등), 사용자의 프로필과 활동 내역도 파악

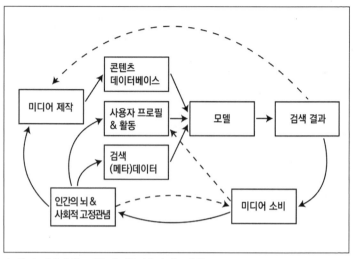

〈그림 1〉 인간과 알고리즘 간 상호작용의 피드백 루프

한다. 또한 플랫폼 데이터베이스에 저장되어 있는 콘텐츠의 특징과 비슷한 다른 사용자의 프로필과 선호도 함께 고려한다. 이러한 데이터에 기반하여 검색 엔진은 사용자가 가장 크게 관심을 가질 만한 콘텐츠를 예측하고, 가장 높은 점수를 받은 콘텐츠부터 우선적으로 보여준다.[13]

하지만 이게 끝이 아니다. 우리는 검색을 하거나 페이스북이나 트위터를 켤 때 이미 알고리즘이 선택한 콘텐츠를 가지고 무엇인가를 한다. 건강 관련 행사를 위한 웹 페이지를 만드는 상황을 가정해 보자. 먼저 소책자에 넣을 의사와 간호사의 스톡 이미지를 검색한다. 그러면 검색 엔진은 나에 대해 아는 (추측하는) 것, 나와 비슷한 취향을 가졌다고 평가되는 다른 사용자들에 대해 아는 (추측하는) 것, 데이터베이스

에서 보유한 콘텐츠, 그 콘텐츠에 대한 참여도와 같은 일반적 정보에 따라 검색 결과를 필터링한다. 1장에서 살펴봤듯이 의사의 역할과 생김새에 대한 편견이 검색 결과에 영향을 미치고, 그 검색 결과는 다시 우리의 인식과 편견에 영향을 미친다. 결과적으로 우리는 편견에 가득 찬 검색 결과를 계속 만들어 낸다.

하지만 여기에 포함되지 않은 보다 복잡미묘한 측면에도 눈을 돌려보자. 첫 번째로, 협업 필터링 과정 때문에 내가 경험한 편견과 **나와 비슷한 사람들이 경험한 편견**은 검색 결과에 강력하게 영향을 미친다. 이 점은 딜런 루프가 '백인을 대상으로 한 흑인의 범죄'라고 검색한 사례에서 가장 뚜렷하게 드러난다. 객관적인 범죄 통계가 상위 검색 결과로 나왔다면, 루프의 증오로 가득찬 극단주의를 조금이나마 견제할 수 있었을지도 모른다. 하지만 루프와 인터넷 사용 패턴이 유사하고 '백인을 대상으로 한 흑인의 범죄'를 검색한 다른 사람들의 활동 이력이 검색 엔진의 중요 데이터로 활용되면서 객관적이고 중도적인 콘텐츠는 걸러졌다.

이러한 편향 증폭 과정은 페이스북이나 트위터 같은 소셜 미디어 플랫폼에서 더 잘 작동한다. 소셜 플랫폼의 사용자 피드에 뜨는 콘텐츠는 이미 친구를 맺은 사람들과 그들이 좋아요를 누른 페이지들에 의해서 걸러진다. 이미 비슷한 사람들과 더 친해지려고 하는 사람들의 경향은 **필터 버블** filter bubble[소셜 미디어에서 사용자의 선호에 따라 필터링한 콘텐츠를 제공하여 사용자가 편향된 정보에 갇히는 현상—옮긴이]을 내재하고 있다. 여기에 과거의 활동 이력과 협업 필터링의 결과를 더하면 우리가 보는 콘텐츠의 범위는 극단적으로 좁아진다. 폭넓은 관점을 가진 페이지를 팔로우하거나 그런 사람과 친구가 되면 도움이 될 수는 있지만, 이는 일차적 필터링에만 영향을 미치고 협업 필터링에는 영향을 미치지 못한다는 한계가 있다. 그래서 친한 친구나 가족들과 서로 겹치는 지인이 많은데도 불구하고 그들과는 전혀 다른 콘텐츠를 보게 되는 것이다. 우리가 팔로우하는 친구, 페이지, 그룹과 우리가 좋아요를 누르거나 관심을 보인 게시물에 개인의 편견과 시각의 한계가 반영되기 때문에, 플랫폼에서 보게 되는 콘텐츠 역시 편견과 제한된 시각을 반영하고 있다.

여기서 두 번째 논점이 도출된다. 알고리즘이 추천한 콘텐츠가 기존의 세계관을 반영하는 식으로 편향되어 있다면 그런 편향에 더 관심을 갖거나 참여하기 쉬울 뿐만 아니라 **그걸 퍼뜨리기도 쉽다.** 점점 많은 사람들이 소셜 미디어 플랫폼에서 뉴스를 본다.[14] 하지만 페이스북이나 트위터 같은 플랫폼에서는 정보를 '찾는' 것 보다 그 정보를 '공유하는' 것이 훨씬 더 쉽다. 심지어 전체 내용을 다 보지 않고도 뉴스피드에 뜬 재밌어 보이는 기사, 사진, 영상을 한두 번의 터치만으로 퍼뜨릴 수 있다. 이런 일은 트위터나 페이스북 같은 알고리즘 피드에서는 가능하지만 인쇄된 신문이나 대학 교재 같이 전문적으로 편집된 콘텐츠에서는 그렇지 않다.

공유에 최적화된 플랫폼은 필터 버블 효과를 더욱 악화시킨다. 소셜 플랫폼에서는 기존의 편견을 반영하는 정보를 찾고 공유하는 것이 쉽기 때문에 인터넷의 다른 공간에서 찾은 콘텐츠를 공유하는 것보다 훨씬 다른 사람의 소셜 피드에 영향을 미치는 바가 크다. 물론 다른 사람의 행동도 같은 결과를 낳는다. 이렇게 편견 증폭의 피드백 루프가 만들어진다. 나는 내 편견에 따라서 무언가를 보고, 그 편견에 따라 내가 고른 콘텐츠의 일부를 공유하고, 알고리즘은 그걸 바탕으로 내 네트워크 안의 사람들이 소비하는 편향된 콘텐츠를 고르고, 사람들은 그 콘텐츠들 중에서 그들의 편견에 따라서 나와 공유할 일부의 콘텐츠를 고르고, 이런 식으로 계속된다. 도입부에 나왔던 이미지 검색처럼 (그보다 더 극단적일 수도 있는) 제대로 검토되지 않은 피드백 루프는 우리들 사이에 이미 존재하는 편견을 계속해서 강화할 것이다. 그리고 많은 사람들이 소셜 미디어 피드를 통해 뉴스를 볼수록 그 편향 과정은 더욱 가속화될 것이다. 낚시 제목 같은 현상이 우리의 주의력을 빼앗아가는 것을 고려하면, 알고리즘으로 돌아가는 콘텐츠 스트림에서는 우리의 편견을 반영하는 것을 넘어서 우리의 주의력을 조종하려고 설계된 콘텐츠도 빠르게 퍼져 나갈 수 있다. 종합해보면, 이미 존재하는 편견을 확인하는 낚시 제목은 매우 빠른 속도로 퍼진다. 2016년 미국 대선 때 실제로 이런 일이 여러 번 발생했다.[15] 왜곡된 미디어 소비는 우리의 개인적이고 사회적인 고정관념을 강화하고 온라인과 오프라인에서 우리의 행동과 관계에 영향을 미친다.

때로 편견은 한 방향으로만 증폭되는 것처럼 보인다. 앞서 언급한 것처럼 인구 통계학적으로 성이나 인종 등에서 지배적인 그룹이 오랫동안 지배적인 위치를 점해왔기 때문에, 알고리즘은 이미 사회에 만연한 편견을 단일한 방향으로 증폭시키는 경향이 있다. 하지만 항상 그런 것은 아니다. 특히 미국처럼 정치적으로 두 세력이 비등하게 나뉘어 있는 상황에서 편견은 한 방향이 아니라 두 방향, 혹은 여러 방향으로 증폭된다. 그 결과로 양극화가 발생한다.

양극화는 충분히 이해하기 쉬운 개념으로 두 개 이상의 대립하는 그룹들 사이의 이념적 차이와 적대감의 증가를 의미한다.[16] 디지털 양극화는 많은 부분에서 이미 생각이 같은 그룹들에 적용되는 편견 강화 피드백 루프의 결과다. 편견이 그룹 내부에서 강화될수록, 그룹 내부에서 편견이 강화될수록, 구성원들은 '필터 버블'과 '메아리 방'에 점점 더 갇히게 된다. 그 안에서 소비되는 컨텐츠들은 무비판적으로 집단 사고를 촉진하고 상대편을 악마화한다. 설상가상으로, (2장에서 논한 것처럼) 콘텐츠가 긍정적이거나 부정적인 감정을 유발할 때, 특히 분노를 유발하는 경우 사용자의 관심과 참여는 증가한다. 이 사실은 당신의 관점을 지지하지만 상대편의 관점은 무시하는 콘텐츠들, 그룹 밖을 향한 분노를 유발하는 콘텐츠들이 더 많이 공유된다는 것을 의미한다. 이런 상황에서는 더 다양한 콘텐츠가 필터를 통과하는 데 성공하더라도 상대편의 의견을 귀담아 듣기가 더욱 어렵다.

무방비 상태로 만들기
또 다른 문제점은 알고리즘에 따라 선택된 콘텐츠를 검토하지 않고 내버려두면 편견과 양극화, 심지어 가짜뉴스까지 쉽게 확산된다는 것이다. **소셜 플랫폼은 사용자의 관심과 참여를 최적화하기 위해 설계되었**

고, 그들의 신뢰를 얻으려 한다. 러네이 디레스타Renee DiResta의 말을 빌리자면, "오늘날 정치적 대화는 바이럴 광고를 위해 설계된 기반 위에서 이뤄지고 있고, 우리는 이제야 그 현실에 적응하기 위한 첫 발을 떼는 중이다."[17]

여기에는 몇 가지 측면이 있다. 첫째로, 소셜 미디어는 우리가 정보를 소비하고 평가할 때 보다 느슨한 자세를 취하게 한다. 소셜 미디어에는 중요한 뉴스와 정책 토론이 고양이 움짤, 아기 사진, 상업 광고, 파티 초대 옆에 배치되기 때문에, 우리는 책, 신문, 잡지를 볼 때와는 달리 덜 비판적인 자세를 취하게 된다. 많은 사용자들은 계산대 줄을 기다릴 때나 출퇴근 버스나 전철에서, 침대에 누워서 소셜 미디어를 확인한다. 이 느슨한 자세는 사회적 상호작용을 위해서는 좋을 수도 있다. 하지만 욕망을 억제하려는 의지가 약화된 상태에서 귀여운 고양이와 네오 나치 반대 시위 사이를 번갈아 보면서 '주의력 깜박임'이 발생하면, 우리가 믿고 공유하는 것들에 대해서 비판적으로 생각하기가 어려워질 수 있다.

둘째로, 소셜 미디어 플랫폼은 관심과 참여를 중독 수준으로 촉진하려고 고안되어 있다. 트위터가 '마음에 들어요'를 별 모양에서 하트 모양으로 바꾼 것이나, 페이스북이 '좋아요' 옆에 '슬퍼요'와 '화나요'를 추가한 것과 같은 조치들은 사용자의 관심과 참여를 증가시키기 위해서 취해진 것이었고, 성공적이었다.[18] 그러나 한편에서는 구글, 트위터, 페이스북에서 일했던 사람들이 플랫폼이 어떤 방식으로 사람들의 중독적인 행동을 촉진하려 했는지를 세상에 알렸고,[19] 실리콘밸리의 많은 직원들은 자녀가 인터넷을 하는 시간을 점점 더 엄격하게 제한하거나 금지했다.[20] 플랫폼이 사용자들에게 느슨한 자세에서 관심을 가지고 참여하라고, 심지어는 중독적인 행동을 하라고 부추긴다고 해도, 만약 아기 사진이나 귀여운 고양이 영상에 대해서라면 문제될 것이 없다. 하지만 그것이 문제가 되는 이유는 당면한 주요 이슈들에 대해 주의 깊고 비판적으로 사고하는 것을 방해하기 때문이다.

더욱이 최근의 한 연구는 사람들이 소셜 미디어에서 본 콘텐츠의 진실성을 콘텐츠의 '출처'가 아니라 그것을 공유한 사람에 대한 신뢰도에 따라 판단한다는 사실을 밝혀냈다.[21] 이는 우리가 비판적으로 사고하려고 할 때조차 잘못된 것에 대해서 비판적으로 사고할 수도 있다는 것을 의미한다. 그리고 플랫폼은 이런 문제를 해결하는 데 도움이 되지 않을 뿐만 아니라 오히려 문제를 키우고 있다. 대부분의 소셜 플랫폼은 공유하는 사람을 (진한 글씨, 프로필 사진, 왼쪽 상단 배치로) 강조하고, (기사가 올라온 도메인을 내용의 원래 출처라고 간주하고) 출처를 (더 작고 연한 글씨, 왼쪽 하단 배치로) 경시한다.[22] 출처 대신에 메신저(내용을 전달한 사람에 대한 호감이나 신뢰)를 가지고 메시지(내용의 진실성이나 중요성)를 판단하는 경향을 강화시키는 것이다.

심리학자 니콜라스 디폰조Nicholas DiFonzo와 프라산트 보르디아Prashant Bordia는 온라인 루머 확산에 대해 연구하면서 새로운 관념이나 사실에 대한 주장을 접했을 때, 이를 믿을지 말지를 결정하는 데 기여하는 네 가지 주요한 요인을 정리했다.

1. 자신의 기존 입장에 동의하는 주장(확증 편향)

2. 믿을 만한 출처(소셜 미디어에서는 그 주장의 실제 출처가 아니라 그것을 공유한 사람)로부터 나온 주장

3. (지각적 유창성에 기여하는) 반복적으로 마주쳤던 주장

4. 반박이 동반되지 않는 주장[23]

소셜 미디어는 여러 측면에서 이런 요인들을 강화하도록 만들어졌다. 거짓 주장인 경우에도 그렇다. 사실 이 요인들은 앞에서 다룬 것들이다. 1) 소셜 미디어는 협업 필터링을 통해 관심과 참여를 증진시키도록 설계되었기 때문에 확증 편향의 문제를 악화시킨다. 2) 우리는 어떤 주장을 제대로 평가하고 있다고 믿지만 그 주장의 출처에 문제가 있는지에 대해서는 좀처럼 생각하지 않는다. 3) 어떤 주장을 반복적으로 마주칠 때 특히 그 반복이 무의식적인 가운데 일어나면, 그 주장의 진위 여부를 비판적으로 평가하기가 어렵다. 트위터의 리트윗 기능과 페이스북의 새로운 댓글이 달릴 때마다 피드에 스토리를 다시 보여주는 기능은 이런 현상을 유발한다. 어찌 됐든 우리는 친구들과의 생생한 토론을 놓치고 싶지 않은 것이다! 4) 거짓말은 바이럴하게 퍼지지만, 그걸 수정하고자 하는 반론은 훨씬 더 느리게 알려진다.[24] 요컨대 소셜 미디어 플랫폼은 현재의 형태로만 보면, 진짜 진실이 무엇인지와는 전혀 상관없이 믿을 만하다는 느낌을 조장하려고 설계된 것 같다.

이 모든 사실을 종합해보면 소셜 미디어 플랫폼은 애초에 우리가 정보를 비판적으로 소비하기 어렵게 하려고 짜 놓은 판 같다. 소셜 미

디어 플랫폼은 정보를 비판적으로 소비하는 것은 어렵게 하면서 입증되지 않은 '진짜 같은' 주장들은 더 쉽게 공유할 수 있도록 설계되어 있다. 이와 동시에 우리는 점점 더 많은 뉴스를 소셜 피드에서 접하면서도 인쇄 매체, 라디오, TV의 기자들이 특종을 찾고 뉴스를 전달하는 프레임을 구성하는 데 소셜 미디어가 어떤 역할을 하는지에 대해서는 무관심하다. 가짜뉴스, 필터 버블, 양극화를 통제하지 않고 이대로 내버려 두면 악화되기만 할 것이다. 민주공화국에서 식견 있는 시민의 중요성을 고려하면, 알고리즘 뉴스피드는 민주주의에 실질적인 위협을 의미한다.

지난 2년 동안 플랫폼의 태도와 알고리즘에 긍정적인 변화도 있었다. 물론 여전히 가야할 길은 멀고 새로운 시스템 '해킹' 방법이 항상 어디선가 나타나지만, 관련 문제를 연구하는 입장에서는 마침내 올바른 길로 향하고 있는 느낌이다. 새로운 전술이 개발되고 대중들이 현상태에 안주하려는 분위기가 자리잡기 전에, 최근의 변화들을 기회로 삼아서 최선을 다해 더 앞으로 나아가야 한다.

요약

지금까지 허위조작정보와 온라인 프로파간다의 기저에 있는 많은 '이론'들을 살펴보았다. 인간 인지의 한계가 소셜 플랫폼과 콘텐츠 추천 알고리즘의 **행동 유도성**affordance[사람들로 하여금 특정한 방식으로 행동하게 만드는 사물이나 환경, 기술의 특성—옮긴이]과 결합되면, 반쪽짜리 진실과 뻔한 거짓말이 퍼져 나가고, 편향이 증폭되고, 이념적인 동기를 가진 집단들이 양극화되고, 결국 의미 있는 대화와 타협에서 멀어지기 쉽다.

그러나 이 문제들이 단지 이론상 자연스럽게 나타나는 결과인 것만은 아니다. 결점은 있지만 의도는 선한 사람들이 만든 플랫폼에서, 마찬가지로 결점은 있지만 의도는 선한 사람들이 상호작용하는 과정에서 그저 우연히 발생한 것도 아니다. 양극화와 편향, 사회적 불신의 확산은 국가를 포함해 나쁜 의도를 가진 누군가가 플랫폼의 허점과 그런 플랫폼에 우리가 점점 더 의존하고 있다는 점을 이용하여 만들어 낸 결과다.

다음 장부터는 구체적인 허위조작정보 캠페인의 여러 사례를 살펴볼 것이다. 이 여론 공작 사례들은 우리가 정보 소비와 정치적 의견 교환을 위해서 알고리즘에 따라 운영되는 소수의 플랫폼에 무비판적으로 의존할 때 마주치게 되는 위험을 극명하게 보여준다. 그러나 대중과 정부, 플랫폼들이 대응하는 몇 가지 방식에는 희망적인 측면도 있다. 개인들의 습관과 플랫폼의 변화, 정부 차원의 행동을 통해 디지털 미디어 플랫폼, 특히 소셜 미디어 플랫폼은 (다시 한 번?) 세상에 선한 영향력을 미칠 수 있다.

이것이 바로 2부에서 탐구해 보고자 하는 것이다.

2부

해킹당한 민주주의

4장

퍼거슨 시위와 게이머게이트, 미국 대안 우파의 부상

흑인 소년 마이클 브라운Micheal Brown이 백인 경찰인 대런 윌슨Darren Wilson으로부터 총격을 당한 후 미주리주 퍼거슨*에서는 이틀 내내 대규모의 시위와 행진이 있었지만, 기성 언론과 페이스북에서는 거의 언급되지 않았다. 그러나 상당수의 미국 시민들은 그 시위와 주요 인플루언서들, 그리고 블랙 라이브즈 매터라고 알려진 새롭게 등장한 사회운동에 대해 알고 있었다. 활동을 조직하고 최루탄과 장거리 음향 장

---

*Ferguson. 미국 중서부에 위치한 미주리주 세인트루이스 카운티에 속한 도시다. 2012년 기준으로 세인트루이스 카운티는 흑인과 백인의 실업률이 20%p 이상 차이나 미국에서 가장 불균형이 심각한 지역이었다. 퍼거슨은 인구의 60% 이상이 흑인이며 빈곤율은 2000년에서 2012년 사이 2배 이상 증가했다.

비LRADs를 피하는 것부터 운동의 리더들에게 휴대폰을 충전할 보조배터리를 전달하는 것까지, 시위대는 이 모든 일을 트위터를 통해서 진행했다. 이런 트위터(그리고 바인)에서의 활동 덕분에 대중은 실시간으로 사건의 진행 경과를 지켜볼 수 있었고, 결국 기성 언론들도 못 본 척 할 수 없는 상황이 되었다. 미국 인종 차별 문제와 관련하여 분수령이 된 퍼거슨 시위를 통해 사람들은 공공 담론을 형성하고 사회 변화를 촉발하는 데 있어 기성 미디어의 한계와 참여형 미디어의 힘을 깨닫게 되었다. 하지만 단지 그런 효과만 있었던 것은 아니었다.

퍼거슨 시위가 일어났던 때와 비슷한 시점에 온라인 '트롤들trolls(대개는 공공연하게 잔인하고 폭력적인 방식으로 타인을 괴롭히는 등의 부적절한 행동을 하는 사람들)'이 등장했다. 이들은 게임업계의 몇몇 인물을 온라인 게임 커뮤니티에 위협이 되는 '사회 정의 전사들'*이라 부르며 문화 전쟁을 선포했다. 많은 게임 디자이너와 비평가, 특히 세 명의 여성이 허위조작정보와 조직적인 온라인 괴롭힘의 희생자가 되었고, 그들 본인은 물론 친구 및 가족들도 실질적인 위협을 받았다. 소셜 미디어 플랫폼의 대응과 법 집행은 느린 데다가 큰 효과도 없었고, 이런 공격들로 인해 많은 사람들의 삶이 극적으로 바뀌었다. 게이머게이트는 '트윗봇tweet bot(프로그램을 사용하여 자동으로 트윗을 작성하는 계정)'과 '꼭두각시 계정sockpuppet(익명의 실제 사람이 실시간으로 운영하는 가짜

---

*Social Justice Warriors(SJW). 페미니즘과 소수자의 권리, 진보적 가치를 옹호하는 사람들을 경멸적으로 칭하는 용어로 '프로불편러'와 유사한 의미다.

계정)'을 포함한 소셜 미디어의 어두운 힘이 다수 대중들에게 명백하게 드러난 중요한 사건이었다. 그러나 그 어두운 힘은 여기서 끝나지 않았다.

이 장에서는 소셜 미디어의 행동 유도성이 어떻게 정치적 스펙트럼 전반에 걸친 운동들을 성장시키는 데 사용될 수 있는지 알아볼 것이다. 그중에는 건설적인 운동도 있고 파괴적인 운동도 있는데 어느 쪽이든 미국 정치 지형을 극적으로 그리고 아마도 장기적으로 바꿀 것이다.

군중 통제: 퍼거슨에서 트위터가 어떻게 기성 언론과 대중의 인식을 움직였는가

대런 윌슨을 기소하지 않는다는 발표가 나왔을 때, 세인트루이스 의검사 밥 매컬러Bob McCulloch은 다음과 같이 말했다.

> 이번 조사를 하면서 가장 힘들었던 점은 24시간 내내 방송하는 뉴스에서 떠들어댈 만한 것들을 한없이 요구하는 언론이었다. 게다가 소셜 미디어에서는 끝없는 루머가 떠돌았다.[1]

시위대의 리더 중 한 명인 디레이 매케슨DeRay Mckesson은 트위터에서 이렇게 응답했다.

매컬러는 소셜 미디어를 또 한 번 모욕했다. 트위터가 없었다면 그는 세상 사람들이 우리가 존재하지 않는다고 믿게 만들었을 것이다. #ferguson[2]

소셜 미디어와 독립 미디어는 21세기 (반)사회적인 액티비스트 운동의 주춧돌이 되었다. 아랍의 봄, 퍼거슨 시위, 게이머게이트, 블랙 라이브즈 매터, 블루 라이브즈 매터,* 미투, 이 모든 운동들이 목적을 달성하기 위해 소셜 미디어를 이용했다. 이를 명확하게 보여주는 사례가 퍼거슨 시위다. 디레이 매케슨(@deray), 조네타 엘지Johnetta Elzie(@Nettaaaaaaaa) 그리고 테프 포Tef Poe(@tefpoe) 등 새로운 리더들이 등장하여 세인트루이스 근처에서 시위를 조직하고, 다른 액티비스트들에게 경찰의 존재와 활동을 경고하려고 트위터를 사용했다. 동시에 시위대는 경찰의 가혹 행위 혐의를 글로 정리하고, 경찰이 부과한 프레스 펜press pen[집회 시 저널리스트들이 다른 참여자들과 섞이지 않도록 설정하는 취재 허가 구역—옮긴이] 밖에서 사건들을 '보도'하기 위해 트위터, 인스타그램, 바인을 사용했다. 그리고 경찰에게 부당한 대우를 받았거나[3] 용감하게 프레스 펜 밖에서 시위대와 함께 했던 많은 저널리스트들은 실시간으로 뉴스를 내보내기 위해 트위터, 바인, 실시간 스트리밍 영상을 사용했다.

---

*Blue Lives Matter. 블랙 라이브즈 매터에 대응해서 의도적인 경찰 살해는 증오 범죄로 처벌 받아야 한다고 주장하는 운동이다. 2014년 10월 20일 뉴욕에서 두 명의 경관이 흑인 남성에게 총격으로 살해당하자 이를 경찰에 대한 증오, 혐오 범죄라고 주장하며 촉발되었다. 이 남성은 퍼거슨과 뉴욕에서 경찰의 과잉 진압으로 인한 두 흑인의 죽음에 대한 분노로 이 일을 저질렀고 사건 이후 자살했다.

이런 소셜 미디어 플랫폼의 탈중심적인 속성 덕분에 단체와 개인들은 기성 언론을 건너 뛰고 곧바로 대중들에게 메시지를 전달할 수 있었다. 탈중심성 때문에 새로운 종류의 액티비스트 리더십이 등장할 수 있는, 아니 등장해야만 하는 환경이 만들어 졌다. 오프라 윈프리 Oprah Winfrey 같은 유명 인사들은 퍼거슨 시위에 더 강력한 리더십이 필요하다고,[4] 다시 말해 하나로 목소리를 모아야 한다고 비판했다. 그러나 액티비스트들이 (물론 트위터에서) 똑부러지게 답한 것처럼, 퍼거슨 시위에는 이미 리더십이 존재했다. 다만 다른 종류의 리더십이었다.

오프라에 대한 숀 킹Shaun King의 응답은 다음과 같다.

나는 오프라를 사랑한다. 나는 모어하우스Morehouse에서 오프라 장학금도 받았다. 그러나 오프라가 인용한 글에서 알 수 있는 게 하나 있다면…… 퍼거슨에 대해 오프라가 알고 있는 모든 것은 지상파 저녁 뉴스에서 나왔다는 것이다.[5]

그는 오프라가 틀렸다는 것이 아니라 오프라가 잘못된 정보를 가지고 판단했다고 지적했다. 오프라가 퍼거슨 시위에서 어떤 미디어가 사용되는지 그리고 이런 미디어에 의해서 운동이 어떻게 조직되는지에 대해서 이해하지 못했다는 것이다.

오프라만 그런 것은 아니었다. 퍼거슨 시위는 주로 현장에서 벌어졌지만, 그것의 도달 범위, 지속기간, 영향력은 특히 트위터와 바인이라는 소셜 미디어 덕분에 크게 확장되었다. 퍼거슨 시위가 어떻게 펼쳐졌고 새롭게 등장한 블랙 라이브즈 매터 운동에 어떤 영향을 미쳤는지를 파악하려면 소셜 미디어 지형을 알아야 하고, 액티비스트들이 활동을 조직하고 메시지를 전파하고 내러티브를 움직이기 위해 소셜 미디어를 사용하는 방식도 이해해야 한다.

2014년 8월 9일: 퍼거슨에서는 무슨 일이 있었나

나는 트위터에서 처음 이 소식을 들었다. 2014년까지 퍼거슨은 단지 미주리주에 위치한 지명에 불과했다. 심지어 그해는 내가 트위터에서 가장 열심히 활동하던 해도 아니었다. 나는 트위터를 연구와 교육을 위해 그리고 다른 나라의 연구자들과 협업하려는 목적으로 사용했다. 내 사무실에는 컴퓨터 모니터가 두 대 있었는데 그 중 하나는 거의 전적으로 트윗덱TweetDeck[여러 트위터 계정을 한 눈에 볼 수 있도록 해주는 응용 프로그램―옮긴이]에서 내가 팔로우하는 특정 계정들을 보기 위한 것이었다. 학계 동료 중 한 명은 컴퓨터 스크린에서 트윗들이 끊임없이 몇 개로 열을 지어 업데이트 되는 것을 보고, 마치 주식을 거래하는 것처럼 보인다고 말한 적도 있다.

아무튼 지금은 퍼거슨 시위에 대해 이야기하는 중이다. 2014년 8월 9일 마이클 브라운에게 총격이 가해졌고 경찰이 길거리에 그의 시체를 몇 시간이나 방치했으며, 그 사건이 있은 후로 며칠 동안 사람들의 추모와 철야 기도가 이어졌던 일 말이다.

나는 당시 세인트루이스에 살던 대학 친구의 트위터에서 처음 이 사건을 알게 되었다. 그 친구는 철야 기도를 마치고 교회를 나섰는데, 진압복을 입은 경찰들이 추모하려고 모인 사람들을 기다리고 있었다. 경찰이 프레스 펜을 세워서 저널리스트들이 시위와 경찰의 대응을 관찰하고 보도할 수 있는 수정 헌법 1조의 권리 행사를 금지했다는 것도 트위터에서 처음 알게 되었다.[6] 위즐리 라워리Wesley Lowery와 라이언 라일리Rayn Reily라는 저널리스트들이 휴대폰 배터리를 충전하려고 맥도날드에 있을 때 체포되었다는 것도 트위터에서 처음 알게 되었다.[7] 경찰이 어린 아이들도 섞여 있는 군중에게 최루탄을 발사했다는 것도 트위터에서 처음 알게 되었다. 경찰이 군중의 방향감을 잃게 하고 영구적인 청각 손상을 일으킬 수 있는 장거리 음향 장치를 사용했다는 것도 트위터에서 처음 알게 되었다. 국제앰네스티가 경찰이 저질렀을지도 모르는 잠재적인 인권 침해를 관찰하고 기록하기 위해 퍼거슨에 조사관을 보냈다는 것도 트위터에서 처음 알게 되었다.[8]

며칠 동안 나는 이 모든 것을 트위터에서 처음 알게 되었다. 사실 적어도 3일 동안은 오직 트위터에서만 이런 정보들을 알 수 있었다. 이렇게 불안한 사태가 진행되는 것을 보면서 트위터 계정이 없는 아내에게 "퍼거슨에서 일어나고 있는 일이 믿어져?"라고 물어보았던 기억이 난다. 아내는 "퍼거슨이 뭔데?"와 같은 대답을 했다.

그 당시에 나는 트위터를 했지만 아내는 페이스북을 했고 우리 집에는 TV가 없었다. 우리는 소셜 미디어나 기성 언론의 웹 사이트에서 정보를 얻었다. 내 트위터 피드가 퍼거슨으로 도배되고 있는 동안 그녀의 페이스북 피드는 (다른 모든 미국인들의 피드와 마찬가지로) 아이스

버킷 챌린지Ice Bucket Challenge와 친구 아이들의 귀여운 사진들로 도배되어 있었다. 그리고 일이 발생한 지 적어도 이틀 동안은 기성 언론 역시 퍼거슨 시위에 대해 모르는 것 같았다.

퍼거슨 시위는 경찰의 가혹 행위, 경찰의 군사화, 인종 차별이라는 사회악만 조명한 것이 아니었다. 기성 언론과 소셜 미디어의 차이와, (페이스북 같은) 알고리즘에 의한 소셜 미디어와 최신순으로 배열되었던 트위터 타임라인과의 차이도 선명하게 부각시켰다. 기성 언론, 알고리즘에 의한 소셜 미디어, 시간순으로 배열되는 소셜 미디어, 이 세 가지 매체 모두 더 많은 정보와 더 큰 청중에 접근할 수 있는 기회를 제공했지만, 어떤 목소리와 메시지를 전하고 싶은지 그리고 어떤 식으로 조직을 만들고 싶은지에 따라 셋 중에서 가장 유리한 매체가 달라졌다.

'리더 없는' 액티비스트들이 트위터에서 조직되다

퍼거슨에서 펼쳐지는 사건들을 멀리서 지켜보면서 조직이 만들어지는 구조를 실시간으로 관찰할 수 있었다. 처음에는 이렇다 할 만한 조직이란 것이 없었다. 실제 존재하는 사람들의 계정과 그렇지 않은 계정이 서로 퍼거슨 시위의 정보를 공유하고 있었다. 어떤 정보는 사실이었지만 어떤 정보는 거짓이었다. 이 콘텐츠들은 대부분 #ferguson이라는 해시태그를 포함했고, 나는 트윗덱에서 이 해시태그만 모아서 (내가 보기에 신뢰할 수 있다고 입증된 기자들의 트위터와 함께) 팔로우했다. 사건 초기 콘텐츠들은 날것 그 자체였다. 흩어진 정보들, 감정적 표현, 탈집중화, 조직된 단일한 목소리의 부재였다.

그러나 현장에 존재하는 공동체에게는 필요한 것이 있었다. 그 필요가 모여 대화를 형성했고, 점차 구조를 갖추기 시작했다. 경찰이 바리케이드를 쳤을 때 시위대는 경찰의 위치와 자신들의 위치를 서로 알림으로써 체포를 피하고, 최루탄으로부터 도망치며 서로를 지지하는 보다 큰 현장 조직을 형성할 수 있었다. 경찰이 최루탄과 장거리 음향 장비를 꺼내고 고무탄을 발사하기 시작했을 때 시위대는 그 정보를 공유했다. 누군가는 이 정보를 특정 지역을 피하라는 단서로 받아들였고, 누군가는 대부분의 언론이 부재한 상황에서 본인의 카메라를 가지고 달려가 기록해야 한다는 신호로 이해했다. 의료 지원이 필요한데 앰뷸런스가 폴리스 라인이나 시위대 군중 사이를 통과할 수 없었을 때, 도와줄 수 있을지도 모르는 사람들에게 상황을 알리기 위해서도 트위터를 사용했다. 그리고 물론 경험이 많은 시위대는 경찰이 새로 선보이는 전술에 대응하는 팁(방독면은 어디서 찾아야 하는지, 대용품은 어떻게 만드는지, 왜 물 대신 우유로 눈을 씻어내야 하는지, 귀마개는 어디서 구할 수 있는지)을 공유했다.

트위터는 모든 참여자에게 플랫폼을 제공했고, #ferguson 해시태그는 그 참여자들에게 청중을 제공했다. 트위터는 또한 사람들이 멀리서도 '참여'할 수 있게 했다. 여기서 참여는 연대의 말을 전하는 것, 다른 중서부 지역 도시들에 있는 조직들과 연결시켜 주는 것, 전문가가 전술적 조언을 하는 것을 포함했다. 그러나 동시에 시위를 우려하는 목소리도 퍼지면서, 지역 안팎으로 시위에 간섭하려는 사람들에게도 트위터는 활용되었다. 퍼거슨에 대해서 말하고 있는 많은 사람들은 퍼거슨 안에서 조직화하려고 노력하고 있는 사람들과 같은 해시태그를 사용했다. 해시태그를 사용하는 모든 사람들이 도움이 되는 것은 아니었고, 리트윗 되는 모든 메시지가 증폭시킬 만한 가치가 있는 것은 아니었다.

하지만 해시태그는 개인들에게 방송 플랫폼이 아니라 서로를 찾을 수 있는 방법, 일종의 디지털 공동체의 구심점으로 작동하는 **해킹된 공공 장소**[*9]를 제공했다. 덕분에 실제 사람들이 서로 연결되고 대화를 시작했고, 이를 통해 공동체를 형성하고 선동가를 가려낼 수 있었다. 꽤 빠른 속도로 몇 명의 목소리가 실재하고 믿을 만하며 접근이 쉽고 널리 퍼져나간다는 것이 드러났다. 해시태그가 시끄러워지면서 사람들이 어떤 주장의 사실 여부를 점검할 시간이 없을 때 의지할 수 있는 리더들이 등장했다. 그들은 단순히 가장 좋은 정보를 알고 있고 이를 널리 알리는 사람이 아니라, 믿을 만한 정보 유통 통로였다. 정보를 공유할 때 그들을 태그하면, 유익하고 긴급한 정보가 공동체에 널리 빠르게 전달될 수 있었기 때문이다.

새롭게 등장한 리더 중 한 명은 심지어 세인트루이스 출신도 아니

---

*hacked public space. 트위터와 같은 소셜 미디어는 사기업이 영리를 목적으로 운영하지만 다양한 사용자가 모이는 공공 장소로 기능한다는 점에서 '중재된 공공 장소 mediated public place'라고 할 수 있다. 그리고 이 장소가 같은 주제를 가진 사람들이 만나 집단의 이익과 권리를 위해 집결하는 장소로 작동할 경우 '해킹된 공공장소'가 된다.

었다. 미네소타주의 중학교 교직원이었던 디레이 매케슨[10]은 온라인에서 시위 소식을 듣자마자 현장에서 운동을 지원하기 위해 주말마다 퍼거슨을 오갔다. 시위 전문가인 동시에 트위터 전문가였던 매케슨은 빠르게 시위의 리더가 되었고 경찰의 타깃이 되었다. 그는 《애틀랜틱 The Atlantic》과의 인터뷰에서 퍼거슨 시위 리더십의 새로운 측면에 대해 이렇게 말했다.

퍼거슨 시위는 전통적인 시위에서 완전히 벗어나지는 않았다. 하지만 퍼거슨의 다른 점, 그리고 퍼거슨이 중요한 이유는 그 운동이 보통 사람들에서부터 시작되었다는 것이다. …… 퍼거슨 시위의 결과로 형성된 지금의 새로운 시위 방식은 강력하다. 시위를 시작하기 위해서 처음부터 이런 구조가 있어야만 하는 것은 아니다. …… 하지만 트위터 덕분에 그런 구조가 만들어질 수 있었다.[11]

매케슨은 인터뷰에서 이 구조가 전반적으로 어떤 것인지에 대해 구체적으로 파고들지는 않는다. 하지만 이미 우리가 알아차린 몇 가지 특징들이 있다. 먼저 매케슨이 인터뷰에서 강조한 것처럼 운동은 어떤 사람에게서든 시작될 수 있다. 소셜 미디어는 모든 사람에게 발언권을 준다. 그들의 목소리가 운동에서 핵심적인 역할을 할 수 있는 사람들에게 전달된다면 전국적으로 혹은 국제적으로 빠르게 증폭될 수 있다. 또한 운동의 리더십 역시 새롭게 등장했다. 운동의 리더십은 트위터에서 주된 발언자였다가 불법 집회를 했다는 혐의로 체포되었던 세인트루이스 의회 의원인 안토니오 프렌치Antonio French처럼, 깊은 지역적 뿌리를 가진 사람들에게서 끝날 수도 있었다.[12] 그러나 매케슨처럼 함께 싸우려고 다른 지역에서 퍼거슨에 왔던 사람들 혹은 (퍼거슨 시위보다 먼저 시작되었지만 퍼거슨 시위로 인해 훨씬 더 큰 대중의 주목을 받고 부상했던) 블랙 라이브즈 매터 운동의 창시자인 앨리샤 바자Alicia Barza와 같이 이미 전국적인 규모의 청중들에게 경찰의 인종 차별적 행태에 대해 이야기하고 있었던 사람들에게까지 이어졌다.[13]

무엇보다도 이 새로운 운동의 구조는 민첩하고 순간의 필요에 잘 대응했다. 예상하지 못한 상황에서 발생한 구체적인 필요에 따라, 새로운 리더들과 소통 전략들이 나타났다. 해시태그(#)와 멘션(@)의 조합, 공개적인 트윗과 사적인 메시지로의 분화, 텍스트와 바인 및 실시간 스트리밍 영상의 혼용, 심지어 휴대폰 공유와 충전까지. 이 모든 것들은 운동의 현장에서 순간순간 발생하는 필요가 기술의 행동 유도성과 한계의 영향 아래서 구체적인 실천으로 이어진 경우였다. 운동 밖의 많은 사람들에게 (혹은 단지 트위터 문해력이 부족한 사람들에게) 그것은 혼란스럽고 '비계획적'인 것처럼 보였겠지만, 퍼거슨 시위 공동체는 트위터를 너무도 능숙하게 사용했기 때문에 유연해질 수 있었다. 사실 트위터와 바인이 없었다면 이러한 운동 자체가 불가능했을 것이다. 아니면 매케슨의 말대로 "소셜 미디어가 없었다면 미주리주 정부는 당신으로 하여금 우리가 존재하지 않는다고 믿게 만들었을 것이다."[14]

사람들이 어떤 메시지를 읽을지 누가 결정하는가

공동체 조직화와 메시지 확산을 촉진하는 능력에 비하면 트위터 사용자는 여전히 꽤 적은 편이다. 퓨 리서치에 따르면, 2014년에 트위터 사용자는 미국 성인의 1/4 미만이었다.[15] 퍼거슨 시위에 인종적인 이슈가 있고, 미국인들의 소셜 미디어 사용 행태가 높은 수준으로 분리되어 있다는 점[16]을 고려하면, 퍼거슨 시위 소식이 기성 언론을 강타하는 데 그렇게 오래 걸린 것은 놀랍지도 않다. 기성 언론이 처음으로 퍼거슨 시위를 보도하기 전에 #ferguson 해시태그를 단 트윗은 백만 개가 넘었다.[17] 그러나 퍼거슨 경찰이 시위 소식이 확산되지 않도록 적극적으로 통제하고 있었기 때문에 트윗이 당장 효과를 발휘하지는 못했다. 퍼거슨 경찰은 대부분의 저널리스트들을 프레스 펜 뒤로 물려서 물리적 충돌 현장으로부터 멀리 떨어뜨리고, 경찰의 보도 자료만 제공했다. 또한 경찰의 활동을 촬영하는 《워싱턴 포스트The Washington Post》와 《허핑턴 포스트The Huffington Post》의 저널리스트들을 체포했고, 심지어 《알 자지라Al Jazeera》의 촬영 기자에게 고무탄을 발사하기까지 했다.[18]

하지만 결국 기성 언론도 퍼거슨 시위를 알게 되었다. 그리고 단지 경찰의 입장만이 아니라 시위대의 입장 또한 알게 되었다. 연방수사국은 퍼거슨 경찰을 수사(하고 나중에는 견책)했다. 국제앰네스티는 조사관을 파견했고, 조사관은 시위대에 자행된 인권 침해를 비판했다.

그런데 만약 퍼거슨 시위에 관한 이야기가 퍼거슨 안에만 머물고 밖으로 뚫고 나가지 못했다면 어땠을까?

처음부터 퍼거슨 시위 내용을 보도하지 않았던 것은 단지 전국적인 규모의 기성 언론만은 아니었다. 페이스북 역시 소름끼칠 정도로 조용했다. 많은 미국인들의 트위터 뉴스피드가 #ferguson으로 도배되어 있는 동안, 페이스북 알고리즘 피드는 심지어 트위터를 동시에 사용하는 사람들의 피드에서조차 조용했다.[19] 알고리즘은 '결정'을 내리고, 그 결정은 우리가 무엇을 보는지에 영향을 미친다.[20] 무슨 이유에서인지 2014년에 페이스북 알고리즘은 아이스 버킷 챌린지가 퍼거슨 시위보다 대부분의 사용자에게 전달하기에 더 적절한 콘텐츠 주제라고 '결정'했다. 오직 최신순으로 배열되기 때문에 관련 콘텐츠가 즉시 모든 사용자의 피드 상단에 올라갈 수 있었던 트위터에서만 퍼거슨 시위는 떠오를 수 있었다. 트위터는 알고리즘이 무시했던 메시지들을 상대적으로 더 잘 드러나게 했을 뿐 아니라, 퍼거슨 시위의 중심에서부터 만들어진 트윗과 리트윗들이 확산되어 사람들이 조직화하기에 유용한 플랫폼이 되었다.

하지만 트위터는 더 이상 이런 식으로 작동하지 않는다. 퍼거슨 시위 이후 얼마 지나지 않아서, 트위터는 '내가 자리를 비운 사이'라는 것을 도입했는데, 최신순으로 배열되는 타임라인에 알고리즘이 끼어든 셈이다.[21] 그리고 2018년에 트위터는 알고리즘에 의해 배열된 타임라인을 기본으로 설정했다. 이후에 트위터는 사용자들이 트윗을 최신순으로 볼 수 있게 전환하는 옵션을 제공하긴 했지만, 앱은 자주 알고리즘 기본설정으로 되돌아간다.

알고리즘을 선택하는 이유는 간단하다. 알고리즘은 관심과 참여를 늘리고 새로운 사용자가 서비스에 빠르게 익숙해지게 한다.[22] 이 두 가지 모두 광고 수입을 늘리고 트위터가 이익을 창출하도록 돕는다. 여기서 중요한 질문이 나온다. 만약 다음에도 퍼거슨에서 발생한 것과 같은 일이 또 발생하면 어쩌지? 우리는 그것에 대해 알 수 있을까? 아니면 이미 비슷한 일이 일어났는데 알지 못한 채 지나쳐 버렸나?

결과적으로 트위터는 현장과 디지털이라는 속성을 모두 지닌 퍼거슨 시위 그 자체는 물론 시위에 참여한 사람 모두에게 긍정적이었다. 트위터는 의사소통과 조정을 촉진했고, 불과 5년 전과 비교해 봐도 훨씬 효과적으로 메시지를 확산시켰다.

그러나 이런 디지털 기술이 퍼거슨 시위와 블랙 라이브즈 매터에게는 긍정적이었지만, 모두에게 그런 것은 아니었다.

당신은 인터넷에서 벗어날 수 없다: 게이머게이트는 어떻게 소셜 미디어를 '현실'의 무기로 만들었나

2014년 트위터에서 한 무리의 액티비스트들이 조직을 만들어 특정 메시지를 전국적으로 퍼뜨리기 시작했다. 그들의 싸움은 새로운 것이 아니었지만, 그들의 전술과 조직화 수단은 새로운 것이었다. 그들은 생각보다 수가 많고 강력했다. IT 기술에 능한 액티비스트들은 온라인에서 서로를 알아보고 느슨한 연합을 형성했다. 계속해서 추가 멤버를 모집했고 그들의 적이 더 나아가지 못하게 막아냈다. 그들의 전술은 인터넷을 넘어서 '현실' 세계에도 상당한 영향을 미쳤다.

위의 내용을 퍼거슨의 시위에 적용해 봐도 다 들어맞는 같지만, 여기서 말하려는 것은 그게 아니다. 2014년에 또 하나의 집단이 트위터를 통해서 전국적인 무대에 등장했다. 그 집단이 바로 게이머게이트다. 이 집단은 사회 정의를 위해 싸우기 보다는 오히려 그들이 '사회 정의 전사들'이라고 별명을 붙인 사람들에 대항해서 단호하게 반사회적인 목소리를 냈다. (대부분은 젊고 백인이고 이성애자이며 남성인) 게이머게이터는 이성애자 백인 남성을 '소수자'로 보고 게임의 다양화가 자신들을 향한 공격이라고 매도했다. 그러나 이는 단지 언어와 관념의 싸움이 아니라 물리적 폭력의 위협을 포함한 싸움이었고, 위협을 받은 사람들은 살기 위해 도망쳐야 할 정도로 그 위협은 현실적이었다. 그리고 이러한 현상은 게이머게이트에서 끝나지 않았다. 바로 이 집단에서부터 소위 대안 우파라는 새로운 운동이 형성됐다. 이 운동은 2016년 미국 대통령 선거에서 분위기를 (그리고 아마도 약간의 표심도) 바꾸는 데 있어 결정적인 역할을 했다. 게다가 그들의 소위 문화 전쟁에서 촉발되어 2016년 12월에는 워싱턴 D.C의 피자 가게에서 총격 사건이 벌어졌고, 2017년 8월에는 버지니아주 샬러츠빌에서 액티비스트 헤더 하이어Heather Heyer가 사망했다.

대안 우파에 대해 더 알아보기 전에 대안 우파의 부상을 이끌었던 게이머게이트 사건을 들여다 볼 필요가 있다.

조 퀸과 지옥에서 온 블로그 포스트

2013년 독립 게임 개발자인 조 퀸Zoë Quinn은 '우울증 퀘스트Depression Quest'라는 게임을 발표했다.[23] 우울증 퀘스트는 제목에서도 느껴지듯이 전형적인 게임은 아니었다. 이것이 문제였다. 1980년대 이후로 (월드 오브 워크래프트 같은) 롤플레잉 게임, (콜 오브 듀티 같은) 1인칭 슈팅 게임, 스포츠 게임들이 비디오 게임에 대한 대중의 인식을 지배하고 있었다. 이런 전형적인 게임들이 경쟁, 정복, 폭력을 강조하는 것은 전형적인 게이머가 교외에 사는 청소년 (이성애자, 백인) 남성이라는 사실과 매우 밀접하게 연결되어 있다. 물론 게임, 경쟁, 폭력이 태생적으로 남성적인 것은 아니다. 하지만 불행히도 서구 문화, 특히 미국에서는 경쟁 지향성과 리더십, 그리고 (이른바 '착한 녀석들' 중 한 명이 저지르는 폭력과 자주 혼동되는) 영웅주의가 남성성의 관념과 얽혀 있다.

퀸의 게임과 게이머로서의 퀸은 이런 고정관념의 반대편에 서 있다. '사이보그'가 되려고 몸에 칩을 심은 퀴어 여성이라는 퀸의 정체성은 일반적인 게이머의 이미지와는 매우 거리가 멀다.[24] 우울증 퀘스트 역시도 전형적인 게임처럼 플레이어가 나치를 죽이거나 외계인 침공으로부터 지구를 지키면서 아드레날린이 폭발하는 경험을 하도록 설계되지 않았다. 심지어 재밌는 게임이 되려고 의도하지도 않았다. 대신에 퀸 자신이 경험했던 것, 즉 우울증에 걸린 개인들이 어떤 일을 겪어내야만 하는지에 대한 인식을 고취시키려고 했다.[25] 그것이 '좋은' 게임이든 아니든 (나는 직접 해보지 않아서 알 수 없다) 중요한 게임으로 역사에 남을 것은 확실하다. 게임이 이런 것일 수도 있다는 것을 보여

주기 때문일 뿐 아니라 이 게임을 둘러싸고 일어난 새로운 운동 때문에 그렇다.

여기서 말하는 이 운동이 게임과 게임 사용자의 다양성에 대한 여론을 환기시키고 이끌었다면 좋았을 것이다. 하지만 불행히도 실제 일어났던 운동은 그것과는 거리가 멀었다.

운동이 일어나기 전에 퀸은 이미 '전통적인' 혹은 전형적인 게이머들로부터 그녀의 게임과 그 게임에 쏠린 언론의 관심으로 인해 예기치 못한 공격을 받은 적이 있었다.[26] 우울증 퀘스트처럼 게임의 경계를 밀어붙인 게임을, 특히 LGBTQ 공동체에 속한 여성 게이머가 만들었을 경우에 기삿거리가 될 수밖에 없었고 그중엔 당연히 긍정적인 것뿐만 아니라 부정적인 반응도 있었다. 하지만 2014년 8월 이후의 상황은 모두가 전혀 상상하지 못한 방향으로 전개되기 시작했다.

퀸은 남자친구 에론 죠니Eron Gjoni와 헤어졌다. 퀸 본인을 포함해 다른 사람들이 자세히 쓴 글들이 있으니[27] 그걸 여기서 굳이 다시 언급하진 않겠다. 아무튼 중요한 것은 죠니가 분노에 차서 퀸이 게임에 대해 긍정적인 리뷰를 받는 대가로 인터넷 게임 뉴스인 《코타쿠Kotaku》의 기자와 잤다고 고발하는 다분히 의도적인 블로그 포스트를 올렸다는 사실이다. 애초에 그런 리뷰는 존재하지 않았다. 지난 몇 년 동안 쌓여온 게임의 다양성을 요구하는 목소리에 대한 불만이 그 순간 온라인에서 폭발해 버렸다. 애당초 죠니의 블로그 포스트가 그런 불만을 이용하려고 세밀하게 공들여 쓴 것이었기 때문이다. 이른바 '조 포스트Zoe post'에 대한 토론은 레딧Reddit이라는 미국 커뮤니티 사이트의 하위

게시판인 서브레딧[28]에서 퀸스피러시quinnspiracy라는 신조어가 생길 정
도로 뜨거워졌다. 이외에 포챈4chan(릭롤링, 에픽 페일, 트럼프 트레인*과
같은 밈들이 탄생한 슈퍼 너드들을 위한 웹 사이트로, 엄청나게 성차별주
의적이고 인종 차별주의적인 경향을 보이며 때때로 조직적인 온라인 괴롭
힘 캠페인을 벌인다.)과 에잇챈8chan(포챈도 너무 '정치적으로 올바른'**것
이라고 생각하는 사람들을 위한 웹 사이트)을 지배했다. (벤 슈레킨저Ben
Schreckinger의 표현에 따르면 포챈이 알 카에다Al Qaeda라면 에잇챈은 이
슬람국가IS다.[29])

반사회적 미디어: 방 안에서 하던 심리 학대 전술의 몸집이 커지다

논란은 그저 논란에서 그치지 않았다. 상황은 빠르게 폭력적으로 변했
다. 퀸은 죠니의 포스트가 공개된 상태일 때 한 친구한테 '방금 널 세
게 저격하는 포스트가 올라왔어'[30]라는 메시지를 받았다고 회상했다.
하지만 얼마 지나지 않아 문자 기록들과 개인적인 사진들, 완전히 조

---

*포챈에서 만들어진 몇 가지 현상을 소개하면 이렇다. 릭롤링rickrolling은 엉뚱한 곳에 영
국 가수 릭 애스틀리Rick Astley의 뮤직비디오를 올려서 클릭한 사람을 허탕 치게 하는
장난을 의미한다. 에픽 페일epic fail은 당사자는 당황스럽지만 보는 사람 입장에서는 웃
기지만 예상치 못한 엄청난 실패를 뜻하는 인터넷 속어로 '폭망'과 비슷하다. 트럼프 트
레인Trump Train은 트럼프를 거침없이 질주하는 기차에 비유하고 그 기차에 어서 올라타
라All board the Trump Train는 식으로 트럼프에 대한 지지를 호소하는 운동이다.

**political correctness, PC. 인종, 성별, 성적지향, 장애, 종교 등과 관련해 편견이 담긴
언어를 사용하지 말자는 입장을 말한다. 트럼프를 비롯한 우파들은 좌파들이 타인을 지
적하면서 도덕적 우월감을 드러낸다고 비난할 때 이 용어를 사용한다.

작된 개인 정보가 인터넷의 어두운 구석까지 퍼져 나갔다. 퀸의 개인 정보와 사적인 '문서'들이 온라인에 공개되어 버렸다. 이어서 전혀 모르는 사람들에게서 시도 때도 없이 전화가 걸려오기 시작했다. 가족들도 개인 정보를 유출당했고, 우편을 포함한 여러 경로로 협박을 당하거나 음란한 메시지를 받게 되었다. 퀸은 거의 모든 계정, 심지어 그가 잊고 있었던 계정들까지도 해킹당했다. 이런 일들은 이전에도 여러 사람들에게 (특히 여성들에게) 일어났었지만,[31] 이번에는 대체 끝날 기미가 보이지 않았다. 몇 개월이 지난 2015년 1월, 퀸은 계속되는 공격에 〈8월은 아직 끝나지 않았다〉는 제목의 글[32]을 자신의 블로그에 올렸다. 2017년에 발간된 책, 《크래시 오버라이드_Crash Override_》의 도입부에서는 다음과 같이 썼다. "대부분의 관계는 헤어지면 끝이다. 어떤 이별은 유별나서 친구나 가족 혹은 심리상담사에게 털어 놓을 만한 무서운 이야기가 되기도 한다. 그런데 내 경우에는 UNUnited Nations, 국제연합의 개입이 필요한 것이었다."[33]

되돌아보면 사태가 마무리되기도 전에 이미 이 논란은 우울증 퀘스트라는 게임이나 조 퀸이란 인물보다 더 큰 일이라는 것은 분명해 보였다. 애덤 볼드윈Adam Baldwin이 명명한 '게이머게이트'는 퀸(과 브리아나 우Brianna Wu라는 게임 개발자와 아니타 사키지언Anita Sarkeesian[34]이라는 페미니스트 게임 평론가, 그리고 그들의 편에서 공개적으로 말을 하는 꽤 많은 사람들)에 대한 분노가 폭발한 것이었지만, 그 분노는 한동안 곪아 있었던 문제였다. 게임 사용자가 점점 다양해지고 이에 따라 다양한 주제와 방식의 게임이 개발되면서 인디 게임 산업이 점점 떠오르기 시작했을 때, 그리고 기존의 전형적인 게임들이 시장에서 밀려나고 있을 때 게이머게이트가 부상한 것은 우연이 아니었다.[35]

　게이머게이트의 사회학도 매혹적이지만 (동시에 곤혹스럽지만) 여기서는 이 운동의 전술과 이후의 영향에 주목하려 한다. 게이머게이트 중에 나타난 몇 가지 주요한 전술들이 이후에 미국을 비롯한 여러 나라에서 건전한 공론 형성을 방해하고 선거 조작 의혹을 제기하는 등 계속해서 등장했기 때문이다.

　퍼거슨 시위의 액티비스트들이 온라인에서 조직되었던 것처럼 게이머게이터들도 온라인에서 조직되었다. 하지만 이 둘의 중요한 차이가 있었다. 퍼거슨 시위의 액티비스트들은 실제 거리에서 활동할 사람을 모으고 조직을 만들려고 트위터와 같은 대중적인 플랫폼을 사용했지만, 게이머게이터들은 그러지 않았다. 대신에 그들은 트위터 같은 대중적인 소셜 미디어에서 작전을 수행할 사람을 모으고 조직을 만들기 위해 포챈과 에잇챈, 지저분한 서브레딧 같은 특정 커뮤니티 사이트를 사용했다. 다시 말해서, 게이머게이터에게 트위터는 조직화 플랫폼이 아니라 전쟁터였다. 트위터는 공격 대상의 신상과 거짓말을 퍼뜨리고 본인들의 미션에 대한 프로파간다를 확산하고 대상을 정밀하게 공격하기 위해서 꼭두각시 계정과 트윗봇을 발사하는 장소였다.

　허위조작정보를 퍼뜨리기 위해 트윗봇을 사용하는 것은 게이머게이트의 두드러진 특징이었다. 내가 게이머게이트란 글자를 포함해 트윗 하자 곧바로 정체를 알 수 없는 계정들이 반응하기 시작했다. 그중 하나는 '사실 게이머게이트는 게임 저널리즘의 윤리에 관한 것이다[*]'라는 게이머게이트의 선전 구호를 포함하고 있었다. 다른 하나는 게임 전문 언론 《코타쿠》의 기자 윤리를 비판하는 유튜브 영상 링크였다. 이것은 내 트윗의 내용에 대한 응답이 전혀 아니었고, 오히려 게이머게이트에 대한 의견을 감히 덧붙이려고 하는 외부의 누군가를 겁주려고 하는 전술인 것이 분명했다.

이 트윗봇들은 다양한 유형의 트윗에 응답하고 있다. 하나의 예로, 2017년을 포함해 몇 차례에 걸쳐서 나는 'doxxed[신상털기―옮긴이]'라는 단어를 포함한 트윗을 했다. 그러자 프로필 사진에 독실한 유대인 남성의 유화 그림을 걸었거나 프로필 이름에 반유대주의 비방을 써 놓은 봇이 즉시 'doxxed'는 'doxed'의 표기 오류라고 응답했다. (dox의 과거형은 x가 한 개이거나 두 개인 것 둘 다 써도 되고, 나는 두 개인 것을 선호할 뿐이다.) 이 자동화된 위협은 기술적으로는 비용이 거의 들지 않지만, 일부의 목소리들을 침묵시키면서 운동을 둘러싼 공공 담론을 불균형하게 통제한다는 점에서 사회적으로는 강력한 방법이라고 할 수 있다.

---

[*]Actually, GamerGate is about ethics in gaming journalism. 게이머게이트를 여성혐오 문제가 아닌 게임 저널리즘 윤리와 관련된 문제로 해석하려는 게이머게이트 측의 의도가 담긴 구호였다.

무방비 상태: 플랫폼과 경찰, 법원이 어떻게 응답(하는데 실패)했는가

각종 허위정보 조작과 온라인에서의 집단 괴롭힘, 물리적 폭력의 위협에도 불구하고 게이머게이트의 희생자들은 소셜 미디어 플랫폼과 법 집행 기관으로부터 도움을 받지 못했다. 법 집행 기관은 퀸의 경찰 보고서를 가지고 무엇을 해야 하는지 갈피를 잡지 못했다.[36] 브리아나 우가 연방 정부에 에잇챈의 소유주를 기소해 달라고 요청했으나 기소되지는 않았다.[37] 트위터는 '언론의 자유'를 들먹이면서 문제의 계정들을 삭제하는 것을 극도로 꺼렸다. 그리고 피고소인에게 무죄를 선고한 담당 판사는 퀸이 괴롭힘을 피하고 싶다면 인터넷을 안 하면 되지 않냐는 식으로 말하기도 했다. 이에 퀸이 독립 게임 개발자라는 직업의 특성상 인터넷은 물론이고 대중적인 소셜 미디어도 사용해야만 한다고 항의하자 판사는 "당신은 똑똑한 청년이니까 다른 직업을 찾아보라"고까지 했다.[38]

공격은 끝나지 않았지만, 퀸과 사키지언, 우는 용감하게 싸웠고 게임 산업과 소셜 미디어 플랫폼의 변화를 요구하는 강력한 주창자로 떠올랐다. 퀸과 사키지언은 UN에서 온라인 학대와 괴롭힘에 대해 이야기했다.[39] 퀸은 자신과 같은 온라인 학대의 피해자들을 지원하기 위해 크래쉬 오버라이드 네트워크Crash Override Network를 설립했고, 플랫폼 기업에 법과 이용약관을 무시하면서 온라인 학대를 자행하는 계정들을 폐쇄하라고 요구하는 등의 활동을 이어갔다.[40] 우는 심지어 미국 의회 선거에 출마했다.[41] 이 세 명은 게이머게이트가 그들과 같은 사람들(여성, 유색 인종, LGBTQ)을 쫓아내려는 노력에도 불구하고 계속 게임 산업에 남아 활동했다.

퀸, 사키지언, 우와 같은 사람들의 노력 덕분에, 대중들이 게이머게이트의 뿌리에 있는 사회적 문제들(그리고 포챈, 에잇챈, 레딧, 트위터 같은 플랫폼들이 어떻게 게이머게이트를 가능하게 했는지)에 대해 알게 되었다. 하지만 문제는 여기서 그치지 않는다. 게이머게이트를 통해 향후 더 큰 문제의 핵심이 될 인물들과 운동들이 등장했고, 이들도 본인들의 힘이 대단하다는 것을 자각하고 있었다.

게이머게이트에 참여한 사람들이 단지 인터넷 상의 머저리들이기만 했던 것은 아니었다. 그들은 온라인, 특히 포챈 같은 이미지 게시판에서 인생의 대부분을 소비하는 IT 기술에 능한 사람들이었다. 그런 포럼 게시판이 가지는 행동 유도성과 한계, 그리고 플랫폼의 구조에 따라 만들어진 커뮤니티의 자연스러운 관행으로 인해 게이머게이트 내부에서 어떤 전술적인 강점이 생겼고, 그 전술들은 게이머게이트 밖에서도 사용됐다. 예를 들어 포챈은 콘텐츠의 타래가 상대적으로 빨리 삭제되는 플랫폼이다. 비슷하게 레딧도 올리기upvote와 내리기downvote 시스템이 있고, 사이트 첫 페이지에 주목받는 콘텐츠를 강조하여 사용자가 바이럴 콘텐츠를 만들도록 동기를 부여하고 보상한다. 특히 포챈 사용에 능숙한 베테랑들은 어떤 것이 바이럴해질 것인지에 대한 감각, 아니면 적어도 뭐가 바이럴했고 아니었는지에 대한 경험이 있다. 그들은 바이럴의 패턴에 대해서 알고 있고, 디테일에 대해 과도하게 집착하면서(이를 포챈에서는 '**무기화된 자폐증**weaponized autism'[42]이라고 희화하한다) 트위터 자동화 기술에도 능숙하기 때문에, 밈을 비롯해 바이럴해질만한 잠재력이 있는 컨텐츠들을 만들고 퍼뜨리는데 유리하다.

이곳에서 몇몇 주요 인물들이 게이머게이트의 리더로 부상했고 그들의 리더십은 게이머게이트를 넘어서 지속됐다. 두 명의 주요 인물은 전 《브라이트바트Breitbart》 편집자인 밀로 이아노풀로스Milo Yiannopoulos 와 비평가이자 선동가인 마이크 체르노비치Mike Cernovich[43]였다. 둘 다 자신의 소셜 미디어 역량을 게이머게이트를 지속시키기 위해 사용했다. (이아노풀로스는 영화 〈고스트버스터즈Ghostbusters〉에 나왔던 흑인 여배우 레슬리 존스Leslie Jones에 대한 혐오 발언을 주도해서 트위터 계정을 정지당했고,[44] 마이크 체르노비치는 피자게이트 음모론을 퍼뜨리는 데 중요한 역할을 했다.[45]) 그들은 이런 방식으로 게이머게이트 커뮤니티 내외에서 얻은 신뢰를 IT 실력자, 안티 페미니스트, 극우, 극단주의자 등 다양한 집단들 간에 다리를 놓는데 활용했다. 트위터 덕분에 퍼거슨 시위대와 블랙 라이브즈 매터, 다른 다양한 기존 조직들과 동조자들이 연대할 수 있었던 것처럼, 역시 트위터 덕분에 안티 페미니스트이면서 때로는 노골적인 백인 민족주의자인 여러 단체들이 대안 우파라 불리는 느슨하지만 연결된 운동으로 합쳐질 수 있었다.

대안 우파의 등장

게이머게이트에는 몇 가지 주요한 사회적 흐름이 있었다. 첫 번째는 게임 세계에서 좁게는 페미니즘이 확산되고 넓게는 다양성이 증진되는 것에 대한 저항이었다. 두 번째는 보다 개방된 플랫폼을 무대로 작전을 펼치기 위해 깊고 어두운 커뮤니티 사이트에서 일어난 사회적 조직화였다. 게이머게이트는 '그까짓 거 누가 신경이나 써?!'와 같은 정신으로 똘똘 뭉친 자유 지상주의자와 극우 정치 성향을 가진 사람들이 불편하게 공존했다. 전자는 '언론의 자유'를 중시하고 정치적 올바름을 반대하는 이데올로기로 뭉쳤고, 후자는 단순히 재밌다는 이유로 참여하고 있었다.[46]

이런 흐름들은 게이머게이트가 마침내 잦아들기 시작했던 때에도 사라지지 않았다. 현실적으로 생각해 봐도 게이머게이트는 사라지지 않았다. 단지 초점이 게임에서 정치로 옮겨갔을 뿐이다.

몇몇의 저널리스트와 뉴미디어 학자들이 이런 변화에 대해 언급했다. 데일 배런Dale Beran은 일반적으로 포챈의 "오직 진정한 정치적 선언"은 "인터넷이 있는 한 모든 정보는 자유로워야 한다"[47]는 것이라고 말했다. 특히 게이머게이트에 관해서는 사회적 정의 전사들이 "비디오게임에 그들은 원치 않는, 즉 젠더 평등을 증진시키는 요소들을 추가"함으로써 그 자유를 잠식하고 있었고, 그들이 보기에 이것은 "비디오게임을 변화시키려는 소수의 액티비스트들이 꾸며낸 거대한 음모"의 일환이었다. 일부는 이 음모를 파헤치기 위해서 온라인에서 정보를 찾아내야 한다는 책임감을 느꼈고, "모든 정보는 자유롭기" 때문에 찾아낸 정보를 공유하고 폭로하는 것은 완벽히 허용되는 일 정도가 아니라 시민으로서 마땅히 해야 할 의무였다.

이런 이야기, 어디서 많이 들어본 것 같지 않은가? 소수의 조용하지만 강력한 세력이 사회적 정의를 내세우며 다수의 자유를 빼앗으려고 한다는 음모론은 특히 (다른 전 세계적인 정치적 이슈들 중에서도) 2016년 미국 대통령 선거 동안 수많은 사람들에게 반향을 일으킨 메시지였다. 그리고 민주당의 '세계주의자globalist'들과 전 세계에 퍼져있는 그들의 패거리들이 자행했다는 소위 '딥 스테이트 음모론'*은 대안 우파 운동의 바탕이 되는 정치 이론 중 하나일 뿐 아니라, 도널드 트럼프Donald Trump 대통령의 수석 전략관이었던 스티브 바논Steve Bannon의 근본적인 신념 체계였다.[48]

하지만 게이머게이트와 대안 우파의 유사성은 단순히 이념적인 것만은 아니다. 대안 우파와 게이머게이트의 가담자들 중 다수가 중복된다. 기념비적인 탐사 저널리즘 작품인 조지프 번스타인Joseph Bernstein의 기사 〈대안-백인: 브라이트바트 머신이 인종주의적 증오를 어떻게 세탁했는가Alt-White: How the Breitbart Machine Laundered Racist Hate〉는 이 둘 사이에 존재했던 다수의 구체적 연결고리를 시간순으로 정리했다.[49] 구체적으로 게이머게이트 동안 유명세를 얻은 밀로 이아노풀로스는 스티브 바논과 머서Mercer 집안(2016년 영국의 EU European Union, 유럽연합 탈퇴 찬성 캠페인에 상당한 자금을 댄 주요 우파 정치 후원자)과 긴밀한 동업자 관계였다. 《브라이트바트》의 편집자 중 한 명은 바논이 '포챈의 사용자들과 게이머게이트에서 적극 활동한 베테랑들'을 끌어들

---

*Deep State. 민주적으로 당선된 정부의 막후에서 관료와 민간 기업가 등이 정부의 정책을 만들거나 정책에 영향을 미치기 위해서 법의 권한 밖에서 활동하는 비밀 네트워크가 있다는 내용의 음모론이다. 이 음모론은 포챈과 에잇챈에서 큐아넌QAnon이라 불리는 집단에 의해 확산되었다.

이는 것을 도왔다. 번스타인이 브라이트바트의 이메일과 이전엔 기밀이었던 다른 문서들을 획득해서 깊이 파헤친 결과로 드러난 연결성은 이아노풀로스에서 출발해서 단지 바논과 머서 집안 뿐만 아니라 백인 민족주의자인 리처드 스펜서Richard Spencer, 미국 남부빈민법률센터 Southern Poverty Law Center에서 증오 사이트로 분류한 아메리칸 르네상스 American Renaissance의 데빈 소시에Devin Saucier, 네오 나치 증오 사이트인 데일리 스토머The Daily Stormer의 운영자인 앤드류 "위브" 아우른하이머 Andrew "Weev" Auernheimer, 트럼프 행정부에서 국가안보회의 보좌진이었던 세바스챤 고르카Sebastian Gorka와 마이클 플린Micheal Flynn, 심지어 인기 TV프로그램 〈덕 다이네스티Duck Dynasty〉의 배우인 필 로버트슨Phil Robertson에게까지 이어졌다. 《브라이트바트》의 핵심 운영진은 대안 우파처럼 노골적으로 인종 차별주의를 드러내진 않았지만, 번스타인의 탐사는 (샬러츠빌의 '우파여 단결하라Unite the Right' 행진을 조직한 사람들처럼) 실제 네오 나치들이 트럼프 백악관의 최고위층에서 일했던 바논 등의 인사들과 고작 한 다리만 건너면 알 수 있는 사이라는 것을 명백히 밝혔다.

여기서 중요한 것은 게이머게이트의 전술들이 대안 우파 안에서도 지속되었다는 점이다. 《폴리티코Politico》의 기고문 〈세계 대전 밈World War Meme〉에서 벤 슈레킨저는 어떻게 포챈의 문화와 게이머게이트의 전술이 2016년 대선에 파고 들었는지에 대해 썼다.[50] 2016년 민주당 대선후보였던 힐러리 클린턴Hilary Clinton이 게이머게이트의 최상층 타깃이었다는 것을 여러 정황을 통해 확인할 수 있었다.

슈레킨저는 "백인 민족주의 대안 우파는 젠더 정치에 완전히 정신이 팔린 공동체인 포챈의 도가니 안에서 벼려졌다"고 쓴다. 포챈의 일부 회원은 본인들이 좌파와 전쟁하는 중이라고 생각했다. 다른 일부는 트럼프 같은 사람을 대통령으로 뽑는 것을 거대한 장난이거나 '어마어마한 농담'이라고 여겼다. 그들은 단지 재밌어서 그랬던 것이다.

게이머게이트처럼 포챈 베테랑들은 포챈의 '/pol/(정치적으로 올바르지 않은politically incorrect의 준말)' 게시판을 '무대'로 사용했다. 이들은 이 이미지 게시판의 타래가 사라지지 않도록 끊임없이 바이럴이 될 만한 포스팅을 해나가는 데 능숙했다.

이들은 일단 포챈에서 리허설을 해보고 그 중 다수의 포스트를 레딧에 뿌려서 시장조사를 했다. 레딧에 비해서 더욱 비도덕적인 성향의 서브레딧 사용자들조차도 포챈 사용자들보다는 온건한 편에 속했다. 포챈에서 제일 잘나갔던 콘텐츠가 레딧으로 넘어갔고, 레딧의 올리기와 내리기 시스템은 가장 바이럴해질 가능성이 높은 콘텐츠를 걸러내주었다. (비록 슈레킨저는 대안 우파들이 그들의 콘텐츠를 홍보하려고 단순히 레딧을 이용해먹었다고 주장하지만 말이다.[51])

포챈과 레딧에서 가장 성공적이었던, 다시 말해서 '일반인들'에게도 통할 것 같다고 입증된 콘텐츠는 트위터와 페이스북에 뿌려졌다. 거기서 게이머게이트 때와 같은 종류의 봇과 꼭두각시 계정을 사용하여 동일한 방식으로 메시지를 확산하는 것은 식은 죽 먹기였다.

하지만 눈살을 찌푸릴 만한 요소가 하나 더 남았다. 대안 우파는 생각이 비슷한 개인들이 온라인에서 서로를 찾아서 자연스럽게 조직한 세력이 전혀 아니었다. 게이머게이트에서 이 무리의 힘을 확인한 정치 공작 세력들은 두둑한 후원금을 바탕으로 이들을 선거 정치에 끌어들이려고 했다. 슈레킨저에 따르면, 선거 초반에 트럼프 캠페인은 레딧, 특히 '더 도널드The Donald'라는 이름의 서브레딧을 모니터링하고 있었다. 슈레킨저는 이 게시판을 '포챈과 주류 웹사이트를 연결하는 파이프'라고 묘사한다. 원래 포챈이 출처인 수많은 밈과 영상이 더 도널드 게시판를 통해서 주류로 퍼졌고 그 중에는 트럼프 선거운동 본부의 스태프들, 심지어 트럼프 본인이 공유한 링크도 있다. 이 연결 파이프는 스티브 바논이 트럼프의 선거 운동을 책임지던 시절에 가장 강력하게 작동했다고 한다.

사람들이 어떤 이야기를 읽게 될지를 (정말로) 우리가 결정하는가

소셜 미디어 플랫폼이 2014년 미국 내의 사회적 이슈들과 그 너머의 것들에 어떤 영향을 미쳤는지 완전히 알 수 없다. 많은 사람들이 경찰의 폭력과 인종 차별을 인지하고 행동에 나섬으로써 얼마나 많은 목숨들을 구했는지 알 수 없을 것이다. 만약 소셜 미디어 플랫폼이 증오와 폭력의 메시지를 서로 공유하고 괴롭히는 데 활용할 수 있는 무기를 누군가에게 제공하지 않았더라면 게이머게이트 희생자들의 삶이 얼마나 달라졌을지도 알 수 없을 것이다. 2016년 선거에서 여론 공작 때문에 얼마나 많은 사람들이 투표할 후보를 바꾸거나 아예 투표를 하지 않았는지도 절대 알 수 없을 것이다.

그러나 알게 된 것도 있다. 경찰의 폭력과 인종적 긴장이 퍼거슨에서 시작한 것도 끝난 것도 아니라는 것을 알게 되었다. 걸출한 여성들, 그중에서도 눈에 띄는 일을 벌이거나 정의에 대해서 발언했던 사람들이, 특히 IT 세계에서 같은 지위에 있는 남성들보다 더 자주 공격 대상이 되어 왔다는 것도 알게 되었다. 대안 우파의 밈 전사들은 물론 몇몇 좌파와 미국 정치에 개입하려고 하는 외부 세력이 벌인 여론 공작이 선거의 분위기를 바꾸고 여론에 영향을 미쳤다는 것 역시 알게 되었다.

결국 이 모든 사건들에 소셜 미디어가 상당한 역할을 했다는 것도 알게 되었다. 디레이 메케슨이 말했듯이 퍼거슨 밖의 우리는 트위터가 없었다면 시위대와 합류하거나 함께 목소리를 내는 것은 물론이고 퍼거슨 시위에 대해서 알지 못했을 것이다. 트위터의 개방성 덕분에 퍼거슨에서 액티비스트들이 조직적으로 활동할 수 있었지만, 그 개방성은 동시에 게이머게이터들이 무리를 지어서 여성들과 그 지지자들을 공격할 수 있게 했다. 하지만 또 다른 관점에서 보면 개방성으로 인해 퀸과 우 같은 독립 게임 개발자와 사키지언같은 비평가들이 발언하고 대중에게 다가가고 새로운 사업을 할 기회를 가질 수 있었던 것도 사실이다. 사용자들의 행태가 마음에 드는지 여부를 떠나서, 포챈이나 레딧 같은 커뮤니티 사이트의 행동 유도성 때문에 이 플랫폼들 밖으로 바이럴 콘텐츠를 전파하려는 사람들의 기술이 향상되었다.

우리는 기술의 나쁜 점과 좋은 점을 어느 정도는 항상 함께 취해야만 한다. 하지만 이 말이 도구(혹은 그 도구를 만들고 유지하는 사람과 회사)가 중립적이라는 것을 의미하지는 않는다. 확실히 플랫폼은 그들의 플랫폼에서 무슨 일이 일어나는지에 대해서 적어도 일말의 책임감은 가져야 한다. 어떤 경우에는 그 책임감이 법적인 문제라기보다는 도덕과 윤리에 관련된 것이라 할지라도 말이다.

퀸의 담당 판사가 괴롭힘과 학대를 피하고 싶다면 인터넷을 하지 말고 새로운 직업을 찾으라고 말할 때, 그것은 누군가에게는 마트나 백화점에 가지 말라고 하는 것과 다름없다. 인터넷은 21세기 우리 삶의 핵심적인 부분이고 소셜 미디어는 **중재된 공공 장소**다. 그곳에서 '사적인' 플랫폼을 소유하고 운영하는 사람들은 적어도 자신들의 플랫폼에 초대된 사람들이 이를 안전하게 이용할 수 있도록 주의를 기울일 책임이 있다. 하지만 그들이 그렇게 하기를 기다리고만 있을 수는 없다. 지난 수백 년 간 다른 많은 기술적 혁명들이 발생했던 때 그랬던 것처럼, 이 중재된 공공 장소들이 진화하는 방향과 모양을 결정하고, 모든 사람들에게 공정하고 안전한 접근을 보장하는 법적인 변화를 가져오려면 많은 사람들의 의지와 노력이 필요하다. IT 업계에서 저명한 두 여성의 열정적인 말을 인용하며 이 장을 마무리하려고 한다.

많은 사람들이 자신은 무력하고 혼자라고 믿는다. 하지만 그 믿음이 사람들을 계속 무력하고 혼자라고 생각하게 만든다. 사람들은 함께 한다면 엄청나게, 그리고 무서울 정도로 강력해진다. ― 퀸 노튼Quinn Norton [52]

그들은 내 인생을 완전히 지워 버리기 위해 악랄한 짓을 서슴지 않았지만, 내 인생에서 한 가지 중요한 부분을 간과했다. 내가 그들보다 게임을 더 잘한다는 것이다. ― 조 퀸[53]

요약

이 장에서 살펴본 세 가지 역사적인 사건들은 전혀 비슷한 점이 없어 보이지만, 소셜 미디어 플랫폼의 행동 유도성과 그 한계가 사건이 진행되는 방식에 상당한 영향을 미쳤다는 점에서 연관성이 있다. 퍼거슨에서 마이클 브라운에 대한 총격이 발생한 이후 이어진 시위들, 게임 산업에서 저명한 여성들에 대한 게이머게이트 공격들, 그리고 2016년 미국 대통령 선거에 대안 우파의 동원까지. 각각의 사례에서 트위터, 포챈, 레딧 같은 플랫폼들의 행동 유도성은 (그곳에 상주하는 커뮤니티의 이념 및 관습과 결합해서) 특정한 종류의 새로운 '공작'을 이끌었다. 소셜 미디어는 조직을 만들고 더 많은 사람을 모으기에 효과적인 도구다. 하지만 그게 항상 사회적인 선을 위해 사용되는 것은 아니며, 이 플랫폼과 온라인 공간에 현실의 법을 적용하는 데는 한계가 있다. 보다 크게 보면 입법자와 플랫폼 운영자는 언론과 집회 결사의 자유라는 권리와, 생명과 자유, 안전이라는 그 밖의 권리들 사이에서 균형을 맞춰야 하는 어려움을 겪는다.

많은 점에서 2014년은 소셜 미디어가 사회에 영향을 미치기 시작했거나 적어도 본격적으로 가속화되는 시기였다. 이는 단지 미국만의 이야기는 아니었다. 다음 장에서는 국경을 넘나드는 공작들에 대해서 분석할 것이다. 그중에는 이 장에서 살펴본 것과 같은 우연히 시작되어 예상 밖의 결과를 낳게 된 커뮤니티 조직을 넘어서는 것들도 있다.

5장

러시아의 개입과 신냉전

소셜 미디어 덕분에 액티비스트뿐 아니라 극단주의자와 온라인 학대 가해자들이 서로를 발견하고 활동을 조직하는 힘을 갖게 되었다. 이제 정치적 메시지는 소셜 미디어라는 통로를 통해 확산되지만, 그 메시지를 만드는 곳은 적법한 단체일 수도 있고 혹은 고약한 의도를 가진 단체(이를 테면 다른 나라 선거에 개입하려는 나라)일 수도 있다. 오늘날 우리는 미국, NATO North Atlantic Treaty Organization, 북대서양조약기구, EU, 그리고 그들의 (잠재적) 동맹국들이 러시아의 정보 전쟁 캠페인의 공격을 받는 환경에서 살고 있다. 이 장에서는 2016년 미국 대통령 선거에서 정점을 찍었던 러시아의 작전 중 몇 가지를 살펴볼 것이고 미래에 닥쳐올 위협과 이에 대한 예방책도 전망해 볼 것이다.

무슨 일이 있었는가

2016년 11월 8일, 수억 명의 미국인들(그리고 전 세계의 수많은 사람들)이 미국 대통령 선거 결과 발표를 지켜보고 있었다. 언론의 예측과 여론조사는 모두 클린턴의 승리를 가리키고 있었다. 단지 문제는 그가 얼마나 크게 이길 것인지와 민주당이 의회도 장악할 수 있을지의 여부였다.

하지만 알다시피 정반대의 결과가 나왔다. 일반 투표에서는 클린턴이 이겼지만, 트럼프가 주요 경합 주에서 승리하면서 미국의 45대 대통령이 되는 선거인단을 확보했다.[*]

주요 뉴스 통신사들이 트럼프의 당선이 유력하다고 발표하자마자, 소위 전문가들과 학자들은 '대체 무슨 일이 일어난 거지?'라고 묻기 시작했다. 심지어 트럼프를 지지했던 사람들조차도 트럼프가 승리했다는 사실에 놀랐다. 사람들은 인터넷과 스마트폰이 일상이 된 시대에 여전히 집 전화로 가족 당 한 명의 의견만 조사하는 여론 조사 기관의 조사 방법이 현실을 제대로 반영하지 못했다고 비판했다. 기성 언론의 편파적 보도도 문제라고 지적했다. 몇몇 민주당원들은 많은 유권자들

---

[*]미국 유권자들은 대통령 후보에게 직접 투표하는 것이 아니라 자신이 거주하는 주에서 특정 후보에 대한 지지 의사를 표시한 선거인에게 투표한다. 선거인의 숫자는 해당 주의 하원 및 상원의원 숫자와 일치하고, 총 538명의 선거인단 중 과반수를 확보하면 대통령에 당선된다. 개별 주의 선거인단 배분은 과반수를 득표한 후보가 주에 배정된 선거인단 표를 모두 차지하는 승자 독식 원칙에 따른다. 따라서 후보 간 득표 비율 차이가 적은 곳에서 승리하는 것이 중요해지기 때문에 선거운동이 소수의 경합주를 중심으로 진행되고, 전국 투표에서 더 많은 표를 얻더라도 당선되지 못하는 사례가 발생하기도 한다.

이 양당 체제 자체, 혹은 최종 후보가 클린턴이란 사실에 실망하여 투표를 포기하거나 제3당 후보를 찍은 것이 패배의 원인이라며 비난했다. 그리고 승리한 후보가 일반 투표에서 졌을 때면 통상 그래왔던 것처럼 선거인단 제도를 아예 폐지해야 한다는 목소리가 터져 나왔다.

하지만 대부분의 비난은 주로 클린턴에게 향했다. 오래된 스캔들(벵가지 사건*과, 남편 빌 클린턴Bill Clinton이 대통령이었을 때 성적으로 부적절한 행동을 했다는 주장에 대한 그녀의 대응, 과거에 보편적 건강 보험을 지지했던 '사회주의적' 성향)이 도무지 사라지지 않았을 뿐만 아니라, 새로운 스캔들 역시 계속 터져 나왔다. 공식적인 국무부 업무에 개인 이메일을 사용한 일은 그가 국가 안보를 위태롭게 할 수 있다는 것을 암시했다. 사라진 이메일들은 확실히 기밀 정보나 (이렇다면 불법이다) 다른 범죄 행위들의 단서를 포함하고 있었을 것이다. 그리고 밝혀진 다른 이메일에는 미국 민주당 전국위원회Democratic National Committee가 중도적인 클린턴이 민주적 사회주의자인 버니 샌더스Berny Sanders를 제치고 후보 지명을 받도록 개입하려 했다는 사실이 담겨 있었다. 미국 대선 3주 전, 법무부와 연방수사국은 클린턴 이메일 수사를 재개할 것이라고 발표하였다. 이어서 클린턴이 살인을 청부했다거나[1] '스피릿 쿠킹spirit cooking[일종의 사탄숭배의식—옮긴이]'에 관여했다거나[2] 대규모의 아동 성 납치 조직의 핵심부에 있다거나[3] (이에 대해서는 근거가 없었는

---

*Benghazi attack. 클린턴이 국무장관으로 재임중이던 2012년에 이슬람 무장단체가 리비아 벵가지에 위치한 미국 영사관을 습격하여 대사를 비롯한 네 명이 사망한 사건을 말한다.

데도 한 남자가 '조사'를 하겠다면서 워싱턴 D.C.의 피자 가게에 총을 가지고 갔다) 하는 주변적인 루머들은 굳이 말할 필요도 없다. (이 음모론 중 어느 것도 완전히 사라지지 않았다.) 결과적으로 이런 루머들이 아니었다면 클린턴을 지지했을 것이라 생각되는 많은 중도층과 샌더스 지지자들이 제3당에 투표하거나 항의하는 뜻으로 기권하면서, 이 스캔들과 루머들은 부분적으로는 트럼프의 승리에 기여했다.

클린턴의 몇몇 스캔들에는 적어도 일말의 진실이 있었고 많은 미국인들 대부분이 스캔들을 공유한 것도 사실이지만, 2017년을 지나면서 그 외에 또 다른 힘이 작동하고 있었다는 것이 점점 더 분명해졌다. 당시에 클린턴은 스캔들로 회복이 거의 불가능해 보였고 트럼프는 마치 기성 언론과 정치인들이 관심 갖지 않았던 사람들을 대표하는 후보처럼 보였다. 하지만 이제 모두 알게 된 것처럼 이 모든 것이 자연스러운 흐름은 아니었다. 누군가가 민주당 전국위원회 서버를 해킹하고, 클린턴 캠페인 선거 대책 본부장이었던 존 포데스타John Podesta의 이메일들을 빼돌려 소셜 미디어에서 이메일에 담긴 스캔들 내용과 친트럼프 운동을 확산시켰다. 공작 세력은 다양한 소셜 미디어 플랫폼에서 가짜 계정을 운영하면서 다수의 음모론을 유포하고 증폭시켰다. 그리고 이제 연구자들과 미국 정보 기관이 인정하듯이 이 모든 징조는 러시아를 주범으로 지목했다.

그러나 불행히도 많은 사람들이 복잡하게 진행되는 상황 속에서 미묘한 차이를 인식하지 못했기 때문에 러시아의 여론 공작(과 동시에 발생했던 다른 여론 공작들)에 당했고, 마음에 들지 않는 이야기와 정치적 승리를 모두 러시아 탓으로 돌리는 경향이 생겼다. 이로 인해 다른 외국 세력의 개입 가능성과 허위조작정보가 확산되는 데 있어 국내 세력이나 일반 대중들의 역할은 간과되었다. 더욱이 프로파간다 문제를 단순히 '러시아의 트윗봇'의 문제라고 평가절하하며 웃어넘기는 분위기가 조성되어 문제의 폭과 깊이를 온전히 이해하기 어려웠다.

신냉전을 마주하다

러시아는 자기 입으로 NATO 동맹국을 포함하여 '미국에 대항하는 정보 전쟁'을 벌이고 있다고 말한다.[4] 몇 년 동안 러시아는 미국, 영국, EU, NATO, 우크라이나, 시리아 반군에 대항하는 정보 작전을 위해 웹 사이트, 블로그, 소셜 미디어를 활용하고 있다. 그들의 목표는 자신의 '제국'[5]을 확장하고, 블라디미르 푸틴Vladimir Vladimirovich Putin의 '내부자들'을 부유하게 하고, EU와 NATO를 약화시키고, 서구 민주주의의 신용을 떨어뜨리고, (적어도 러시아 인접 지역에서는) 소수의 부패한 올리가르히Oligarch[소련 붕괴 후 정경유착을 통해 국유자산 헐값 매수로 부를 축적한 신흥 재벌 세력—옮긴이]들이 자신들 입맛대로 국가 경제를 좌우할 수 있는 반자유주의적 가짜 민주주의를 육성하는 것이다.[6]

하지만 러시아가 이 전쟁의 유일한 플레이어인 것은 아니다. 러시아가 미국과 유럽에서 키워낸 극우 포퓰리스트 집단들도 실재한다. 시리아 등지에서 러시아가 개입해 일정 부분 가중된 측면이 있는 난민 위기 역시 각국의 반이민 포퓰리스트의 분노와 행동을 유발시켰다. 이러한 집단들은 러시아가 개입하기 전에도 이미 자국에서 영향력이 있었고, 러시아나 그 동맹으로부터 도움을 받는 것과 상관없이 실제적인 영향력을 지속적으로 발휘하고 있었다.

지정학적 목표를 진전시키기 위해 온라인 프로파간다를 사용하는 나라들도 있다. 일곱 개의 대표적인 권위주의 국가들은 여론 공작과 프로파간다를 위한 예산을 별도로 배정하고 있다.[7] 트위터는 최근에 서구 사용자들을 겨냥한 이란의 정보 작전을 찾아냈다고 발표했다. 미국, 영국, 이스라엘의 민간 기업들도 확실히 주요 플레이어들이다. 물론 게이머게이트의 트롤들도 빠지지 않는다.

이제부터 이 새로운 전장을 살펴보면서 이 글로벌 정보 전쟁의 지형을 알아볼 것이다. 누가 플레이어인지, 무슨 전투를 하고 있는지, 플랫폼과 정부가 어떻게 대응하고 있는지, 러시아의 여론 공작이 상당한, 아마도 결정적인 역할을 했던 2016년 미국 대통령 선거의 결과에 어떻게 도달하게 되었는지에 대해서 말이다.

우크라이나 '분리주의자들'

러시아의 온라인 허위조작정보 공작을 탐구할 때 우크라이나보다 더 좋은 출발점은 없다. 미국의 랜드 연구소는 러시아가 우크라이나에서 실행한 여론 공작에 대한 보고서에서 "2014년 러시아의 크림반도 병합 사건*은 러시아의 온라인 프로파간다가 세계 무대에 데뷔하는 신호탄이 되었다"[8]고 밝혔다. 러시아는 우크라이나에서의 군사 작전 및 침공에 대한 국제 사회의 지지를 받기 위해 외교 작전을 펼치면서, 동시에 크림반도와 우크라니아, 나아가 전 세계 사람들을 대상으로 크림반도에 '러시아 민족성'이 있다는 관념을 강화하기 위한 정보 전쟁을 수행했다.

랜드 연구소는 크림반도 침공을 둘러싸고 러시아가 수행한 여론 공작의 몇 가지 중요한 흐름을 밝혀냈다. 첫 번째는 러시아가 크림반도와 동부 우크라이나 지역에 거주하는 소련 시기 이주자거나 그 후손들인 러시아계 사람들을 주로 공략했다는 점이다. 우크라이나 정보 지형의 대부분은 러시아어로 송출되는 언론들이 지배하고 있었기 때문에 러시아는 이 언론들을 이용해 우크라이나의 러시아계 국민에게 러시아와 통합해야 한다는 인식을 고취시켰다. 이 방식은 세 가지 이점을 가진다. 크림반도와 러시아 민족성의 연계를 강화하고, 우크라이나

---

*우크라이나는 러시아의 서남쪽, 흑해와 접하고 있다. 우크라이나 남쪽에 흑해로 둘러싸인 크림반도는 1783년에 제정 러시아가 오스만제국과 전쟁 이후에 취득했다가, 1954년 소련에서 우크라이나로 편입되었다. 이후 1991년, 우크라이나가 소련으로부터 독립을 선언하면서 크림반도 또한 자연스럽게 우크라이나에 귀속되었다.
우크라이나의 정치적 지형은 친유럽 성향의 서부와 친러시아 성향의 동부로 분열되어 있다. 2014년 친러시아 계의 야누코비치 정부는 이전 정부가 추진하던 EU 편입 추진을 포기했는데, 이에 의회와 서부 국민들이 극렬한 반정부 시위를 벌였고 이후 의회는 대통령 해임과 조기 대선을 선언했다. 러시아는 이때 무장병력을 투입해 주민 다수가 친러시아 성향인 크림반도를 사실상 지배하기 시작했다. 크림반도는 2014년 3월 16일에 실시된 러시아와의 합병에 관한 주민 투표에서 압도적인 찬성으로 독립을 선포한 후 러시아와 합병조약을 체결했다.

내부에서 친러시아 정치 활동을 보다 광범위하게 장려하고, 친러시아 우크라이나 분리주의자 운동을 (군사적 지원과 결합하여) 지지한다. 우크라이나는 2014년과 2017년에 러시아 언론에 대한 접근을 차단하는 것으로 부분적으로 대응했지만, 2017년 우크라이나에서 페이스북보다 인기가 많은 소셜 미디어 플랫폼은 여전히 러시아 기업인 브콘탁테VKontakte였다.[9]

러시아 정부는 러시아의 주요 무역 상대국인 우크라이나를 포함한 러시아의 서남부 국경 쪽에서 EU와 NATO의 세력이 커질 것을 경계하며, 유럽회의주의Euroscepticism 맥락에서 우크라이나인들을 공략했다. 유럽회의주의와 짝을 이루어 우크라이나 정치인의 부패를 지적하기도 했다. 러시아 매체들은 자주 우크라이나를 백인 우월주의자 파시스트들이 통치하는 나라로 묘사했다.[10] 물론 러시아는 전통적인 도덕과 기독교적인 가치에 충실한 우크라이나 국민들의 안정적인 이웃이자 친구로 그려냈다.

러시아는 원래는 인접 지역에서만 공유하던 친러시아 반우크라이나 메시지를 여러 언어로 번역하여 '보다 널리(러시아와 국경을 공유하지 않거나 바르샤바 조약 기구에 속하지 않았던 나라들에)' 확산시켰다. 지역적 차원의 목적은 우크라이나를 직접 통제하지는 못 하더라도 러시아의 영향권 안으로 돌려 놓는 것이었지만, 전 지구적 차원에서의 주된 목적은 이 지역에 다른 세력의 개입을 막는 것이었다. 러시아는 전 세계 여론이 크림반도의 병합을 인정하거나 적어도 개입하지 않도록 만들려고 했다. 우크라이나 정계의 부패를 지적하고, 러시아인의 덕성을 홍보하고, 크림반도와 러시아와의 연계성을 강조하고, 국제적 분쟁에 대한 공포를 조장하고, 미국과 EU, NATO에 대한 불신을 심어주는 메시지를 통해서 말이다.

2014년 7월 17일에 발생한 '말레이시아 항공 MH17편 격추 사건*'을 둘러싼 가짜뉴스는 아마도 러시아 정부의 반우크라이나 여론 공작의 가장 극명한 사례일 것이다. 서구의 정보 기관과 네덜란드가 이끄는 합동 수사팀은 격추 사고의 책임이 러시아 혹은 러시아의 지원을 받은 우크라이나 분리주의자들에게 있다고 결론을 내렸다.[11] 하지만 러시아는 이 비극을 우크라이나 집권 세력이 비도덕적이고 무능력하기 때문에 러시아가 이 지역을 안정시키는 중요한 세력이라고 선전하는 데 사용했다. 그러면서도 동시에 친러시아 프로파간다 매체들은 이 사고의 원인에 대해 모순되는 설명을 내놓았다. 왜냐하면 반우크라이나 메시지를 믿는 사람들이 러시아에 힘을 실어 주더라도 결국에는 러시아의 소행으로 발각되리라 생각했기 때문이다. 이런 매체들은 일부러 다양한 청중에게 다양한 방식으로 모순된 내용을 전달하여 사태를 더욱 혼란스럽게 만들고 결과적으로 방향 감각을 잃게 하여, 수사를 지연시키는 데 일조했다. 특히 러시아는 새로운 이슈 뉴스가 뒤덮을 때까지 고의로 이러한 혼란을 부추김으로써 많은 사람들이 누구를 믿어야 하는지 모르겠는 느낌, 즉 '프로파간다에 의해 마비'된[12] 상태가

---

*암스테르담 스키폴공항을 출발한 MH17편 항공기가 말레이시아 쿠알라룸푸르로 향하던 중에 우크라이나 상공에서 미사일에 의해 격추된 사건으로 탑승자 전원이 사망했다.

사건에 대한 최종 수사 결과보다 더 오래가도록 만들었다.

다른 많은 여론 공작에서는 봇이 중요한 역할을 하지만 우크라이나에서는 봇의 역할이 그리 크지 않았다. 우크라이나 미디어와 프로파간다를 연구하는 마리아 즈다노바Mariia Zhdanova와 다리야 올로바Dariya Orlova에 따르면, "자동화된 봇은 우크라이나에서는 그다지 널리 퍼져 있지 않았던 것으로 보인다." 대신에, "우크라이나 대중을 겨냥해 온라인 캠페인을 할 때는 주로 일일이 수동적으로 관리해야하는 가짜 계정들을 사용했다."[13] 아마도 우크라이나에서는 트위터와 같은 봇 친화적 플랫폼보다 페이스북과 같이 자동화가 어렵고 돈이 많이 드는 플랫폼이 더 많이 사용되기 때문일 것이다.

크림반도 병합은 2014년에 일어난 일이고 그사이 세계적인 관심은 다른 지역으로 옮겨갔지만, 우크라이나를 둘러싼 러시아의 여론 공작은 아직도 현재 진행형이며 심지어 영어로 계속되고 있다. 반우크라이나 여론을 확산시키고 도네츠크Donetsk와 루간스크Luhansk[우크라이나 남동부 위치한 지역으로 2014년 노보로시야Novorossiya라는 친러 분리주의 독립국을 선포함—옮긴이]에서 '분리주의자'들의 자치권을 주장하는 새로운 웹 사이트와 소셜 미디어 계정들을 아직도 나는 종종 접한다. 러시아는 이런 채널들을 일단 개발하기만 하면 (새로운 업무를 맡기는지는 몰라도) 자발적으로 제거하는 경우가 거의 없다. 이런 공작은 비싸지도 않고 효율적이기 때문에 플랫폼이 이를 발견하여 없앨 때까지는 멈추지 않는다.

스웨덴에서의 여론 공작

핀란드와 더불어 스웨덴은 오랫동안 러시아(이전에는 소련과 바르샤바 조약 국가들)와 NATO 사이에서 완충지대의 역할을 해왔다. 이 때문에 소련 스파이들은 냉전 시기 NATO가 동쪽으로 팽창하는 것을 저지하려고 정보를 수집하고 작전을 수행하는 등 스웨덴에서 놀라울 정도로 활동적이었다.[14] 이에 비해 21세기 러시아에 대한 위협은 (러시아의 정반대되는 주장과 달리) 군사적인 측면보다 경제적인 측면이 강하다. 러시아가 발트해 밖으로 석유 등을 수출하기 위해서는 NATO와 EU 회원국인 덴마크와 스웨덴을 통과해야만 한다.

미국과 NATO가 2009년 이후로 러시아 올리가르히들에게 가한 제재(와 러시아의 지정학적 동맹인 이란에게 부과한 더 엄격한 제재)를 포함한 경제적 압력을 고려하면, NATO가 스웨덴을 통해 러시아를 침략할 것이라는 위협은 실재적이다. 군사적 위협이 아니라 스웨덴에 의해 혹은 스웨덴을 통해 집행될 발트해의 무역 봉쇄 위협 말이다.

그래서 스웨덴이 2015년에 NATO의 군사력이 스웨덴 영토에 접근하는 것을 허락하는 내용의 군사 협력 협정 체결 여부를 고민하자, 러시아는 인터넷 공간에서 행동에 나섰다.

2015년 초에 러시아의 국영 매체인 《스푸트니크 뉴스Sputnik News》는 스웨덴어로 된 웹사이트를 개설했다. 러시아는 그 웹사이트와 RT(기존 명칭 《러시아 투데이Russia Today》)에 의해 운영되는 TV 네트워크, 그리고 비밀리에 운영되는 채널들을 통해서 스웨덴에 프로파간다를 쏟아부었다.[15] 여기에는 반NATO 메시지, (당연히 미국이 이끄는

NATO의 행동 때문에 일어날) 핵전쟁이 임박했다는 공포 유발, EU가 얼마나 쇠락하고 있는지에 대한 선전, 심지어 반GMO와 반이민 정서 확산 등 전형적인 러시아의 프로파간다 내용을 담고 있다.[16] 이와 함께 스웨덴-NATO 협정을 둘러싼 가짜뉴스도 확산되었다.

이러한 러시아의 여론 공작에 대해 폭넓게 연구하는 마틴 크라그Martin Kragh와 세바스티안 오스베리Sebastian Åsberg는 러시아에서 "여론을 잘못된 방향으로 이끄는 부분적인 진실들이 만연"하고, "제한된 범위에서 명백한 조작이 일어나는" 것처럼, 스웨덴에서도 비슷한 현상이 발생하고 있다는 것을 밝혀냈다.[17] 그들이 찾아낸 것 중에는 쉽게 반증할 수 있는 조작이나 위조도 있었지만, 대부분은 비주류 집단에서 만들어져서 이미 스웨덴 문화에 퍼져있던 친러시아 메시지를 강화하는 것이었다.

그중에서도 특히 눈에 띄는 가짜 뉴스는 2014년 말부터 스웨덴 해안 근처에서 신원이 확인되지 않은 외국 잠수함들이 몇 차례 목격된다는 것이었다. 이 목격담은 신뢰할 만했고 기성 언론에도 보도되었다. 하지만 스웨덴 해안에서 외국 잠수함이 연관된 이상한 일이 일어난 것이 그때가 처음은 아니었다. 크라그와 오스베리는 이렇게 말한다.

소련 잠수함 S-363이 1981년에 스웨덴 남부 해안을 돌아다녔을 때, 스웨덴의 주미 대사인 빌헬름 바흐트마이스터Wilhelm Wachtmeister가 썼다고 하는 위조된 전보 내용이 언론에 등장했다. 그 전보에는 전쟁 상황이 발생할 경우 스웨덴 군사 기지에 미국 잠수함이 접근하는 것을 허락하는 양국 사이의 비밀

협약에 대한 빌헬름 대사의 실망이 담겨있었다. 이 전보는 소련이 위조한 것으로 밝혀졌지만, 이후에도 스웨덴 여론에서 계속 회자되었다.[18]

그리고 2014년과 2015년 사이 러시아의 프로파간다 전문가들은 스웨덴 해안의 외국 잠수함들에 대한 가짜뉴스를 퍼뜨렸다. 그들은 이 가짜뉴스를 미국 및 NATO와 스웨덴이 맺은 비밀 군사 협약에 대한 오래된 루머와 연결하여, 스웨덴이 러시아를 도발하여 제3차 세계대전의 최전선에 서게 될지도 모른다는 불안을 조장했다.

스웨덴과 NATO간의 군사 협력 협정은 2016년 5월에 비준되었지만 러시아의 여론 공작은 오늘날까지 스웨덴에서 계속되고 있다. (프로젝트 라흐타Lakhta에 책임이 있는) 러시아의 여론 공작 단체인 IRA*에서 비밀리에 일했다고 주장하는 저널리스트에 따르면, 러시아의 프로파간다 전문가들은 스웨덴의 2018년 총선에 대해서도 그림을 그리고 있었다.[19] 이건 그럴듯한 이야기다. 러시아의 입장에서 NATO의 위협은 사라지지 않았고, 러시아의 군사적 압박은 발트해와 스칸디나비아 반도에서 증가하고 있는 것으로 보인다.[20] 당분간 스웨덴에서 러시아의 여론 공작이 약화될 것이라 기대하기는 어렵다.

---

*인터넷 리서치 에이전시Internet Research Agency. 푸틴 대통령의 측근인 예브게니·프리고친Yevgeny Prigozhin이 소유한 상트페테르부르크 소재 기업으로, 러시아의 정치적 이익을 위한 온라인 여론 공작 전문 기관이다. 2016년 미국 대통령 선거에 개입한 혐의로 2018년 로버트 뮐러Robert Mueller 특검에 의해 기소를 당했지만, 2020년에도 수백 개의 SNS 계정으로 미국 대통령 선거 관련 여론 공작을 펴다가 적발되는 등 여전히 활발히 활동하고 있다.

올리가르히와 미국 우파의 결탁

러시아는 온라인에서 수많은 여론 공작을 수행했다고 알려져 있거나 그랬다고 의심받고 있지만, 가장 세밀하게 조사를 받았던 것은 2016년 미국 대통령 선거에 영향을 미치려고 했던 사건이다. 러시아는 2016년 미국 대통령 선거 즈음에 러시아의 지정학적 전략에 방해가 되는 장애물, 그 중에서도 오바마 정부 때 러시아 정부와 러시아 올리가르히들을 상대로 가해진 제재를 제거하려는 목적으로 적어도 네 개의 여론 공작을 진행했다. 이 모든 공작들은 (미국의 대중이 여전히 모르는 것도 포함하여) 러시아 행정부, 즉 블라디미르 푸틴과 그의 측근들이 지시한 것이었다.

첫 번째 여론 공작은 러시아 군사정보국 내부의 APT28 혹은 팬시 베어Fancy Bear라고 알려진 해커 팀의 작품이었다. 팬시 베어는 주요 민주당 인사들을 해킹하여 그들의 신뢰도를 떨어뜨릴 만한 정보들을 대중에게 공개했다. 특히 클린턴이 선거에서 이길 가능성을 낮추려고 했다. 두 번째 작전은 IRA가 페이스북, 인스타그램, 트위터, 유튜브, 텀블러, 미디엄Medium 등의 소셜 미디어 플랫폼에서 수행한 것이었다. 그들은 트럼프를 지지하고 클린턴을 폄하했다. 그리고 미국의 정치적 좌파들 중 다수가 제3당에 투표하거나 선거 과정에서 이탈하도록 격려하는 콘텐츠를 만들어 이를 확산시켰다. 두 작전 모두 미국 시민들을 직접 겨냥한 것이었고, 공공연한 인터넷 공간에서 이루어졌다.

나머지 두 작전은 보다 더 은밀하고 돈으로 얽혀 있었다. 하나는 마리아 부티나Maria Butina와 같은 정보원을 활용하여 대체로 정치적 우파에 속하는 미국의 유명 인사 및 재계 지도자들과 관계를 형성하고 인적 자산을 구축하는 것이었다. 마리아 부티나는 2018년에 미국에 대한 음모로 유죄 선고를 받았다. 그는 미국에서 보수주의자들이 권력을 잡았을 때 러시아에 대한 제재를 제거할 수 있으리라는 희망을 가지고 러시아와 그들 사이에 연대를 구축하는 것을 목표로 활동했다.[21] 다른 작전은 러시아 올리가르히들과 재계 지도자들이 트럼프와 그의 가족, 최측근의 보좌진이나 고문들과 돈으로 얽힌 관계를 형성하게 돕는 것이었다. 이것은 푸틴의 행정부가 러시아의 올리가르히 및 재계 지도자들과 관계를 맺고 있는 방식과 다르지 않다. 러시아는 정부와 기업들 간의 유착관계가 심각해서 몇몇 기업들만 부유해지고 나머지 기업들은 공정한 경쟁 자체를 기대하기 어려운 상황이다. 미국에서 부패한 기업은 자신들에게 유리한 법안을 통과시키기 위해 공무원에게 뇌물을 주지만, 러시아에서는 공무원이 직접 기업 활동에 참여하거나 자산을 공동으로 소유한 채 유리한 법안과 규제를 만드는 방식으로 기업과 한통속이 되는 경우가 더 흔하다. (이런 관행에 대해 더 깊이 알고 싶다면, 《푸틴의 부패정치: 누가 러시아를 소유하는가? *Putin's Kleptocracy: Who Owns Russia?*》[22]를 보라.)

인간 관계 형성은 여론 공작의 최종 목표이기 때문에 무엇보다 중요하다. 부동산 재벌이나 리얼리티 TV 스타와 가까운 사업 연줄을 갖는 것도 상당한 성과지만, 그 사람이 미국 대통령이 된다면 그 사업적이거나 개인적인 관계의 가치는 기하급수적으로 증가한다. 더욱이 '높은 곳에 있는 친구'가 개인적이고 경제적인 이유로 외국 사업 파트너의 이익을 위해 일할 의향이 있다면 말이다. 그리고 그 파트너들이 유력한 대통령 후보와 그의 내부자들에 대해 콤프로마트kompromat[정적의 약점에 대한 자료 혹은 그 자료를 수집하는 러시아의 정보 전술―옮긴이]를 확보하게 된다면 이 관계는 더욱 긴밀해진다. 이런 혐의에 대한 수사가 어떻게 진행되는지 궁금해서 애가 탈 수도 있지만, 그건 이 책에서 궁극적으로 관심 갖는 바는 아니다.

이 책은 빅데이터와 정보가 어떻게 인간에게 영향을 미치고 역사를 바꿀 수 있는지에 관한 것이다. 그래서 공공 담론에 영향을 미치고 거짓을 퍼뜨리면서 미국 대통령 선거 마지막 몇 주 동안 다뤄질 주요 의제 대부분을 설정하는 데 성공했던 조직인, 러시아 군사정보국과 IRA의 활동에 초점을 맞출 것이다. 그들의 활동이 얼마나 많은 표(일반 선거에서든 선거인단에서든)를 바꿨거나 사라지게 했는지는 절대로 정확히 알 수는 없을 것이다. 하지만 그 활동이 미국인들이 기표소에 들어갈 때 떠올릴 이슈에 영향을 미쳤다는 것은 의심할 여지가 없다. 심지어 2018년 말에도 여전히 그들이 2016년에 만들어 낸 콘텐츠들이 돌아다니고 있으며 정치적 담론을 이끌고 있다. (그때 이후로 밝혀진 것과 밝혀지지 않은 것을 포함해 계속 해오고 있는 일들은 말할 필요도 없다.)

그럼 팬시 베어에서 시작해보자.

팬시 베어가 민주당을 고장내다

러시아 군사정보국은 한동안 미국에 집중해왔을 가능성이 크다. 그들은 최근 몇 년 동안 미국과 유럽에 시선을 고정해왔다. 예를 들어 2015년 4월 팬시 베어는 프랑스의 TV 채널인 TV5Monde를 해킹해서 전국적인 TV 네트워크에 '프랑스의 군인들이여, 이슬람 국가로부터 멀리 떨어져 있어라! 가족들의 목숨을 구할 기회가 있으니 그 기회를 꼭 잡아라. 사이버 칼리프국가CyberCaliphate는 이슬람 국가의 적에 대한 사이버 지하드를 계속한다'라는 메시지를 내보냈다. 초기의 징후들은 이것이 이슬람 국가의 공격일 가능성이 있다고 했지만, 안보 전문가들은 최종적으로 공격의 진원이 러시아 군사정보국과 연관된 IP 주소라는 것을 확인했다.[23]

2015년 10월에 러시아 군사정보국이 민주당 전국위원회의 선거관리자였던 프랫 와일리Pratt Wiley의 이메일 계정을 해킹하기 시작했다. 이것이 러시아가 2016년 미국 대통령 선거의 결과에 영향을 미치거나 신뢰성을 떨어뜨리기 위한 작전을 수행할 의도를 드러낸 최초의 조짐이라고 할 수 있다. 《시카고 트리뷴Chicago Tribune》에 따르면 팬시 베어 해커들은 "6개월이 넘는 기간 동안 열다섯 번이나 그의 메일함을 열어보려고 시도"했다.[24] 이는 완전 전자 투표를 하는 선거구의 투표 집계기를 해킹할 가능성에 대한 우려를 낳았다.

사이버 안보 전문가들은 일반적으로 러시아가 2016년에 미국의 전자 개표 결과를 해킹하는 데는 실패했다고 본다. 하지만 러시아는 일리노이 주의 유권자 등록 기록에 침입해서 미국 시민들에 대한 개인 정보를 훔쳐내는 데는 성공했다.[25] 이 때문에 미국 전역의 선거 공무원들은 선거 보안을 강화했고 몇몇의 경우에는 적어도 예비적으로라도 종이 투표로 돌아갔다. 그럼에도 2018년 11월 미국 중간 선거가 다가왔을 때, 미국의 보안 전문가와 선거 공무원들은 개표 결과에 대한 공격이 일어난다면 많은 선거구가 견뎌내지 못할 것이라고 걱정하고 있었다. 하지만 이것이 미국 선거 공무원들의 가장 큰 걱정거리는 아니었다. 언론 매체 《내셔널 퍼블릭 라디오NPR》는 일리노이주의 데이터 해킹에 대해 다음과 같이 보도했다.

일리노이주는 연방 예산 수백만 달러를 투자해 소규모 선거구들이 데이터와 장비를 안전하게 보호하도록 지원하고 있다. 몇몇 지역은 자체적인 IT 담당 직원도 없다. 하지만 이곳 공무원들이 가장 걱정하고 있는 것은 하드웨어나 소프트웨어가 아니라, 아주 사소한 공격만으로도 선거 시스템에 대한 유권자의 신뢰가 훼손될 수 있다는 점이다.[26]

개표 결과를 바꾸거나 선거일에 기계를 고장 내는 것은 미국의 민주주의 체계에 대해 대단히 파괴적인 공격일 수 있고, 무엇보다도 (비용 대비로는 확실히) 효과적으로 선거 결과에 대한 신뢰를 떨어뜨리는 일일 수 있다. 유권자의 신뢰가 떨어지면 투표율은 하락한다. 찍지 않은 표는 셀 수 없다. 만약 정치적으로 어느 한 쪽으로 심하게 치우쳐 있는 특정 지역의 유권자 신뢰도를 노린다면, 한 정당의 득표를 치명적으로 하락시킬 수 있다. 그리고 만일 이런 공작이 많은 선거인단이 걸려 있고 개표 결과의 우열을 가리기 힘든 경합주에서 발생한다면, 이론적으로는 선거의 판도를 바꿀 수 있다.

선거 결과를 뒤흔드는 것만이 최종 단계인 것은 아니다. 선거 과정에 대한 신뢰를 떨어뜨리면 선거 결과에 대한 의문을 불러일으킬 수 있고, 만약 시민들이 선거가 불법이었다고 생각한다면 선거에서 승리하더라도 국정 운영이 어려워질 수 있다. 이것이 팬시 베어가 클린턴 후보의 선거 운동과 민주당 전국위원회를 해킹하여 벌인 대담하고 성공적인 공작의 밑바탕에 깔린 동기였을 것이다.

팬시 베어는 어떻게 들어왔는가

〈위험한 게임Wargames〉이라는 영화를 본 적 있는가? 거의 40년 전인 1983년에 개봉한 영화지만 이 영화는 팬시 베어가 사용한 구체적 전술들의 기저를 이루는 해커들의 사고방식이 무엇인지 완벽하게 보여준다. 〈위험한 게임〉의 주인공인 데이비드 라이트맨David Lightman은 여름 보충 수업을 피하기 위해 자신의 고등학교 생물학 성적을 바꾸고 싶어 한다. 학교의 성적 데이터베이스는 (1983년 치고는 다소 충격적이게도) '온라인으로' 접근할 수 있었다. 즉, 모뎀을 통해 컴퓨터에 접근할 수 있었다. 학교는 규칙적으로 비밀번호를 바꿔서 데이터베이스를 보호했기 때문에 비밀번호를 알아낸다 해도 일시적으로만 지속되는 것이었다. 데이비드는 맞는 비밀번호를 찾을 때까지 랜덤 비밀번호를 알고리즘으로 생성하여 하나씩 대입해 보는 브루트포스 방식Brute-force mothods을 시도하려고 했지만, 그것은 비밀번호가 간단하고 시간이 많을 때나 가능한 일이었다. 그리고 그렇게 하면 장시간 시스템을 건드려야 해서 발각될 가능성도 높았을 것이다. 그래서 그는 이 방법 대신에 휴민트Humlnt(정보원 취재 방식)를 사용한다. 학교에서 일부러 문제를 일으키고 교장과 면담을 하기 위해 교무실로 불려간다. 교무실에 있는 동안 성적 데이터베이스 비밀번호가 어디에 보관되는지를 알아내고, 비밀번호가 바뀔 때마다 메모를 해 놓는다. 그는 학교 선생님들이 자신에게 경계심을 느끼지 못할 정도로 자주 문제를 일으켜 교무실 안을 서성였고, 결국 학교 몰래 비밀번호를 알아내 성적을 바꾸는 데 성공한다.

영화의 후반부에서 데이비드는 새 게임이 출시되기 전에 해보려고 (그리고 무려 1980년대 초반에 새로운 컴퓨터 소프트웨어의 가격을 지불하지 않으려고!) 비디오 게임 회사의 서버를 뒤진다. 데이비드는 비디오 게임 회사와 지리적으로 인접한 전화 번호를 조사하다가, 우연히 몇 가지 흥미로운 컴퓨터들의 연결을 발견하게 된다. 관심을 끌고 싶은 같은 반 여자애와 파리에 여행을 간다고 거짓 예약을 한 후에, 냉전이 최고조에 달했던 때 정책 결정자들과 협상가들에게 도움이 될 만한 전략을 가르치는 시뮬레이션 게임을 보유한 군사용 서버를 발견한다. 컴퓨터를 잘하는 두 명의 친구는 데이비드가 1차 시스템 보안을 뚫지 못할 것이라고 이야기했지만 데이비드는 '백도어back door(원조 개발자가 현재 시스템 운영자는 모르게 심어 놓은 비밀 진입 방식)'를 찾아냈다. 서버에 있는 게임 중 하나가 팔켄의 미로Falken's Maze라는 걸 알아낸 데이비드는 도서관을 뒤져서 스티븐 팔켄Steven Falken이라는 사람이 정부와 일한 경력이 있는 개발자이자 발명가라는 것을 알게 된다. 데이비드는 팔켄의 삶에 대해 조사하면서 백도어 비밀번호를 발견하고 마침내 시스템에 진입할 수 있게 된다. (영화에서는 거의 제3차 세계대전이 시작되려고 한다……)

1980년대 초반 이후로 암호화 기법과 온라인 컴퓨터 보안 기법은 기하급수적으로 발전해 왔다. 데이터 관리자가 암호를 만드는 것이 해커가 브루트포스 방식으로 암호를 발견하는 것보다 훨씬 더 쉽기 때문에 해커의 침입은 거의 실패할 수밖에 없다. (한동안은 암호를 만드는 컴퓨터의 프로세서나 해킹하는 컴퓨터의 프로세서의 성능이 비슷했기 때문에 더욱 그렇기도 했다.)

하지만 기술은 1980년대 이후로 엄청나게 복잡해졌고 이제는 생활 속 어느 곳에서나 존재하는 것이 되어버렸다. 그때 이후로 나아지지 않은 것이 있다면 복잡성을 관리하는 인간 뇌의 역량이다. 우리는 실수를 한다. 전문 개발자들은 코드에 그냥 백도어를 남겨놓는 것이 아니다. 그들은 쓸모 없는 기능들, 단위 테스트unit test, 분석 추적기analytic trackers, 보안의 취약점이 발견되어도 업데이트되지 않는 다른 사람의 코드, 시스템이 과부하되거나 강제로 다시 시작될 때 유발되는 취약한 웹 앱 설치 스크립트를 남겨놓는다. 사용자들 스스로 만들어내는 오류는 말할 것도 없다. 보안에 취약한 비밀번호를 사용하거나 같은 비밀번호를 재사용하는 것, 관리자 설정에서 잘못된 앱을 불필요하게 구동하는 것, 그리고 필요보다 시스템에 더 많은 접근을 허용하는 앱을 모르는 채로 설치하고 사용하는 것, 형편없는 보안 설정을 해서 문을 열어놓는 것도 백도어가 될 수 있다.

데이비드 라이트맨 같은 영화 속의 해커들이 암호를 풀기 위해 휴민트와 전통적인 연구 방법를 사용했듯이, 팬시 베어와 같은 실제 해커들도 진입 지점을 확보하려고 휴민트를 사용하고 인간의 오류를 이용했다.

팬시 베어가 2016년에 고른 무기는 이메일이었다. 구체적으로 스피어피싱spearphishing이라고 불리는 일종의 사기 이메일이었다. 아마 피싱phising은 들어봤을 것이다. '메일함이 꽉 찼습니다' 혹은 '계좌가 동결되어 있습니다'라고 하면서 그 이메일에 있는 링크를 누르면 아이디나 비밀번호 같은 개인 로그인 세부사항을 가져가는 사기성 이메일을 뜻한다. 스피어피싱은 낚시대나 그물을 사용해서 아무 물고기나 잡으려고 하는 '낚시fising'처럼 아무 사용자의 데이터를 얻으려고 아무렇게나 이메일을 뿌려대는 대신에, 특정한 물고기를 겨냥한 창spear처럼 특정한 사용자나 사용자 단체를 겨냥해서 공격한다는 점을 빼면 피싱 수법과 같다.

이 이메일들은 '계좌가 동결되어 있습니다' 보다는 '저기 [당신의 실제 이름]씨, 나 [당신의 실제 상사의 이름]에요. 지금 회의에 붙잡혀 있어서 점심시간까지 나 대신 [무엇]을 좀 해줘야 겠어요'처럼 쓴다. 혹은 당신의 구글 계정에서 감지된 보안 문제를 해결하기 위해 구글이 보낸 경고 메일을 감쪽같이 복사한 것처럼 보일지도 모른다. 이런 이메일에는 거의 항상 클릭하면 이메일 발신자에게 잠재적으로 당신의 시스템의 일부에 접근할 권한을 주거나 접근에 필요한 정보를 요구하는 사기성 링크가 있다. 해커들은 이런 방식을 통해 당신의 이메일 계정의 내용들, G Suite계정의 회사 문서들, 당신의 카메라와 마이크에 대한 접근권을 얻으려 할지도 모른다. 어쩌면 아이디, 비밀번호, URL, 당신이 쓰는 메시지의 내용들을 포함하여 키보드로 치는 모든 것을 수집할 키로거keylogger[키보드의 입력 내용을 저장하여 비밀 정보를 탈취하는 해킹 프로그램—옮긴이]를 당신의 컴퓨터에 설치하려고 할 것이다. 해커들은 이렇게 기밀정보(동료와 고객들의 이메일 주소, 내부 보고서, 재정 문서 등) 혹은 콤프로마트(공개된다면 당신 혹은 당신 회사의 진실성을 위태롭게 할 수 있는 정보)에 접근한다.

2016년 3월 10일 클린턴이 민주당 대선 후보가 되는 것이 확실해지자, 그의 선거 캠프는 팬시 베어에게서 스피어피싱 이메일을 받기 시작했다. 3월 19일, 해커들은 클린턴의 선거 대책 본부장인 존 포데스타의 개인 이메일 계정을 공격하기 시작했다. 선거 운동에 대한 공작은 3월과 4월을 거쳐 계속되었을 뿐만 아니라, 클린턴 재단Clinton Foundation, 미국진보센터Center for American Progress, 쉐어블루ShareBlue 등 캠페인과 연관된 다른 집단들로 가지를 뻗어 나갔다.

공작은 성공적이었다. 팬시 베어가 3월 19일에 포데스타의 개인 지메일 계정으로 보낸 구글 보안 경고 링크를 포데스타의 직원 한 명이 클릭해 아이디와 비밀번호를 입력했다. 그것도 두 번이나. 그리고 4월 말, 트럼프의 외교 정책 고문인 조지 파파도풀로스George Papadopoulos에게 러시아가 '수천 개의 이메일'에서 클린턴에 대한 콤프

로마트를 획득했다는 말이 전달됐다.[27]

비슷한 시기에 팬시 베어는 민주당 전국위원회도 노렸다. 하지만 이번에는 단지 이메일을 노린 것이 아니었다. 이메일의 링크에는 컴퓨터에 멀웨어malware[사용자의 전자 기기를 감염시키고 침투하는 악성 프로그램—옮긴이]를 설치하는 기능이 있었다. 민주당 전국위원회 컴퓨터에 다운로드 된 멀웨어는 러시아 군사정보국에 해당 컴퓨터와 민주당 전국위원회 서버에 있는 데이터에 접근할 권한을 주었다.[28]

러시아는 이 공격을 통해 얻은 콤프로마트를 들고만 있지 않았다. 2016년 4월에 미국 정보 기관들이 러시아와 연결되어 있다고 믿고 있는 두 개의 웹 사이트인 선거유출닷컴electionleaks.com과 워싱턴유출닷컴dcleaks.com이 등록되었다. 6월에 워싱턴유출닷컴과 (미국정보공동체 U.S. intelligence community가 러시아 군사정보국의 작전이라 추정하는) '해커' 구시퍼Guccifer 2.0의 블로그가 (민주당 전국위원회 지도부가 샌더스의 기세로부터 클린턴을 보호하기 위해 어떤 일을 했는지를 포함하여) 민주당에 불리한 정보들을 공개하기 시작했다. 이는 샌더스 지지자들이 민주당 전국위원회에 소송을 제기하고 선거에 불참하거나, 질 스타인Jill Stein 같은 제3당 후보에게 투표하는 식으로 항의 투표를 함으로써 클린턴에게 타격을 입히는 원인 중 하나로 작용했다.[29]

또한 2016년 6월 줄리안 어산지Julian Assange는 위키리크스*가 클

---

*WikiLeaks. 익명의 정보 제공자가 제공하거나 자체적으로 수집한 비공개 정보를 공개하는 국제적인 비영리 단체다. 2006년 처음 사이트를 개설하였으며 대표는 줄리언 어산지이다. 2010년 11월 미국 국무부의 외교 전문을 공개하여 국제적 논란이 일었다.

린턴에 대한 콤프로마트를 획득했다고 발표했다. (어산지는 이 정보를 러시아로부터 받은 것은 아니라고 했다.) 7월부터 위키리크스는 남은 미국 대선 과정에 맞춰 전략적으로 정보를 공개하기 시작했다. 트럼프의 음담패설이 담긴 녹음 파일이 공개된 2016년 10월 7일에 포데스타의 이메일도 함께 공개되면서 클린턴에 대한 공작은 정점을 찍었다.[30]

러시아 군사정보국의 작전이 얼마나 영향력이 컸는지는 완전히 알 수 없지만, 팬시 베어가 클린턴의 선거 캠프와 민주당 전국위원회로부터 얻은 콤프로마트를 공개하면서 일어난 것으로 짐작되는 몇 가지 안 좋은 결과들은 있었다. 먼저 민주당 전국위원회가 샌더스가 후보 지명권을 따내지 못하도록 방해한 내용이 공개되면서 많은 진보적인 유권자들이 소외감을 느꼈다. 이로 인해 클린턴의 득표가 (당내 경선에서 샌더스를 지지했던) 진보적인 사람들과 (트럼프를 혐오하는 데도 불구하고 클린턴에게 투표할 의욕이 꺾인) 중도적인 사람들 양쪽 모두에서 줄어들었다. 이런 경향은 (곧 알아보게 될) 러시아의 IRA가 수행한 질 스타인에 대한 옹호와 '절대 클린턴은 안돼'와 같은 내용을 담은 여론 공작 때문에 더욱 악화되었을 것이다.

포데스타의 이메일들에 포함되어 있던 다른 세부 사항들은 클린턴보다 진보적이거나 중도적인 잠재적 지지자들 사이에서 투표율(혹은 적어도 열정)을 하락시켰을 것이다. 제프 스타인Jeff Stein은 《복스Vox》에 이렇게 기고했다.

포데스타의 이메일들은 사실상 차기 대통령이 될 궤도에 오른 여성에 관해 어떤 새로운 스캔들을 터뜨린 것은 아니었다. 대신에 그의 이메일은 이미 알고 있던 클린턴의 다양한 논란 중 가장 공격하기 쉬운 추악한 지점을 드러낸 것이었다. 클린턴 재단과 후원자들 사이의 의문스러운 관계, 월 스트리트의 강력한 이해 관계자들과의 친분, 그리고 부유한 선거 자금 후원자들과의 연줄 말이다.[31]

클린턴 재단의 고액 기부자들에게 특혜를 줬을지도 모른다는 논란은 특히 트럼프에게 싫증이 나서 잠재적으로 클린턴을 지지할 수도 있었던 중도파들의 마음을 돌려 놓았을 것이다. 과거에는 공화당에 투표했지만 이번 공화당 후보는 마음에 들지 않았던 중도층이 다수 있었다. 하지만 클린턴을 둘러싼 부패 논란이 공화당 지지자들의 클린턴이라는 이름에 대한 선입견과 결합되면서, 많은 중도파와 낙담한 공화당 지지자들은 2016년에 민주당에 투표하는 것을 어려워했다. 샌더스 지지자들은 클린턴이 과거에 은행가 등 부유층에게 돈을 받고 했던 사적인 연설의 내용을 공개하라고 요구할 정도로 비판적이었기 때문에, 클린턴과 월 스트리트 및 부유한 후원자들과의 관계가 드러나자 이들로부터 표를 얻을 기회도 날아갔을 것이다. 이메일 내용의 일부는 어색하고 당황스러운 정도였지만, 다른 부분들은 클린턴의 선거 운동 정책 플랫폼에서 진보 쪽에 있던 사람들에게서 얻을 수 있는 지지를 약화시켰다.

몇 달 동안 '클린턴의 이메일'에 대한 논란이 뜨거웠기에 2016년 10월 28일 연방수사국장 제임스 코미가 국무장관 시절 클린턴의 이메일 관련 수사를 재개한다고 발표했을 때, 그 영향력은 더욱 악화되었다. 클린턴의 수석 보좌관이었던 후마 애버딘Huma Abedin은 남편인 전 뉴욕 주 하원의원 앤서니 와이너Anthony Weiner와 별거 중이었는데, 와이너에 대한 수사 중 관련 증거가 드러나면서 수사가 재개된 것이었다.[32] 코미는 클린턴의 이메일 내용이 러시아나 위키리스크가 발표한 내용과 같은지 확인하는 것이 아니라 클린턴의 사적 이메일 계정 안에 기밀 정보가 있었는지 수사 중이었다. 하지만 빠르게 움직이는 뉴스 사이클은 '클린턴의 이메일'이라는 모호한 언급으로만 가득했기 때문에, 새로운 뉴스가 나올수록 유권자에게 끼치는 부정적 영향이 더 악화될 뿐이었다.

러시아 군사정보국이 클린턴과 민주당 전국위원회에 대한 콤프로마트를 공개한 것이 의미하는 바는 러시아가 미국 대통령 선거의 의제 중 상당 부분을 결정할 수 있었다는 점이다. 저널리스트들은 특종을 위해서 그들이 유출한 내용들을 자세히 살펴보고 보도했으며, 대선 후보 토론에서는 그 내용에 대한 질문이 쏟아졌다. 후보자들은 선거 유세 여정 내내 저널리스트들과 유권자로부터 질문을 받았다. 러시아가 폭로한 콤프로마트에 관한 모든 질문은 (그 질문에서 드러나는 우려가 얼마나 정당한 것이든지 간에) 선거 캠프가 제시하는 정책 플랫폼을 다루지 않는 질문들이었다. 각 선거 캠프들은 보안 우려를 추적하고 이 질문들에 대한 답을 준비하느라 정작 자신의 플랫폼을 세우고 방어할 시간이 없었다. 러시아 해커들은 미국 유권자들이 주목해야 할 이슈가 무엇인지를 결정했고 이는 대선 당일 누구를 뽑아야 하는지에 영향을 미쳤다. 이 영향력은 절대 사소하다고 무시할 수 있는 수준이 아니었다. 이렇게 공공 여론을 조작하는 것을 **무기화된 진실**weaponized truth이라고 부른다. 팬시 베어의 데이터가 내놓은 내용은 보안 연구자들에게는 진짜처럼 보였다. 다시 말해 '가짜뉴스'는 아니었다. 하지만 그것은 공공의 담론과 개인의 행동을 조종하려고 의도된 것이었다. '허위조작정보'라고 부를지 여부와는 관계 없이 (나는 부정직한 조종이 작전의 핵심에 놓여 있다면 그렇게 부른다) 이는 확실히 정보 전쟁의 요소이고, 사실에 기반하고 있다는 점에서 엄청나게 효과적인 무기가 될 수 있다.

프로젝트 라흐타

물론 러시아가 단지 해킹 문서 공개만으로 미국의 공공 담론을 조종한 것은 아니었다. IRA는 소셜 미디어를 통한 전문적인 여론 공작을 통해 미국에 대한 정보 전쟁을 수행했다. IRA의 광범위한 작전의 세부 내용은 2018년 미국 법무부가 공작에 참여한 러시아의 개인과 회사를 기소한 내용과 2018년 12월에 공개된 미국 상원 정보위원회Senate Select Committee on Intelligence, SSCI의 의뢰로 작성된 두 개의 보고서에 상세히 기술되어 있다. 이 보고서에는 트위터, 페이스북(과 인스타그램), 구글(유튜브)이 미국 상원 정보위원회에게 제공한 데이터를 상세하게 분석한 내용이 담겨 있었다.[33]

이 문서들이 보여주는 그림은 (여전히 완전하다고 볼 수는 없지만) 러시아가 트럼프를 미국 대통령으로 만들려는 목적으로, 유력한 대권

주자인 클린턴과 민주적인 절차 일반에 대해 신뢰를 떨어뜨리기 위해 무기화된 진실, 부분적인 진실, 뻔한 거짓말, 그리고 유권자를 억압하는 메시지를 조합하여 대중의 주의력을 광범위하고 전문적으로 조종했다는 것이다. 게다가 선거 후에도 IRA는 인스타그램 같은 플랫폼에서 미국의 특정 공동체를 겨냥한 활동을 확대하면서 미국 사회를 조종하고 불안정하게 만들려는 시도를 계속했다. 현재 이용 가능한 데이터를 보면 미국 정부와 플랫폼은 IRA가 소셜 미디어를 기반으로 정보 전쟁을 벌이는 것을 상당히 막아냈다. 하지만 여전히 러시아의 해커 집단들이 미국을 겨냥한 온라인 미디어를 통해 여론을 조종하고 비평가들의 신뢰를 떨어뜨리려고 한다는 것도 분명한 사실이다.

미국을 대상으로 하는 러시아의 여론 공작은 훨씬 오래 전부터 계속되어 왔다. 2016년 미국 대선에 개입하기 위한 IRA의 작전은 2014년 4월 '트랜스레이터 프로젝트Translator Project'를 시작으로 점점 규모를 키워왔다. 트랜스레이터 프로젝트는 유튜브와 페이스북, 인스타그램, 트위터와 같은 온라인 플랫폼을 통해서 미국의 사회적, 정치적 집단을 연구하는 것을 목적으로 했다. 2014년 5월, IRA 내부적으로는 '프로젝트 라흐타'라고 알려진 이 작전의 전략을 다음과 같이 설정하였다. 2016년 미국 대선 개입을 위해[34] "후보자들과 미국 정치 체계 일반을 향한 불신을 퍼뜨리는 것."[35] 2014년 6월 미국 내 IRA 공작원들은 이미 정보 작전을 준비하는 대면 모임을 가졌다. (2014년 11월에는 관련 출장도 갔다.[36]) 2016년 9월쯤 프로젝트 라흐타의 월간 예산은 약 125만 달러였다.[37]

IRA를 조사했던 미 법무부의 기소장에는 이렇게 적혀 있다.

　　피고와 공모자들은 수백 개의 소셜 미디어 가짜 계정을 만들고 그 계정들로 특정한 가상의 미국인 인물들을 '여론을 이끄는 사람들'로 둔갑시켰다.

　　전문가라고 불리는 이 조직의 직원들은 미국인이 운영하는 것처럼 보이는 소셜 미디어 계정을 만드는 업무를 맡았다. 전문가들은 주간과 야간으로 나뉘어 적절한 미국 시간대에 맞춰 포스트를 올렸고, 조직에서 공유해 준 미국 휴일 목록을 참고해 그럴 듯하게 계정을 운영했다. 전문가들은 대외 정책이나 경제 문제 같은 미국과 밀접한 관련이 있는 주제들에 대해 글을 쓰라는 지시를 받았다. 그리고 "급진적인 집단, 사회경제적인 상황에 불만을 갖고 있는 사용자들, 저항적 사회 운동을 지지함으로써 정치적 격동"을 만들어내라는 지시도 받았다.[38]

　특히 여러 이슈들 중에서 이민과 블랙 라이브즈 매터, 경찰의 가혹 행위와 블루 라이브즈 매터, 종교와 지역 분리 독립 같은 주제에 집중해 메시지를 만들라는 것도 지시에 포함되어 있었다. IRA는 전문가들에게 내부 문서를 통해서 이 주제들을 기반으로 콘텐츠를 만들라고 지시했고, 2016년 9월에는 11월 대선에 앞서 "힐러리 클린턴에 대한 비난을 강화하는 것이 가장 중요하다"고 강조했다.[39]

그러나 IRA의 주요 관료들과 쉘 컴퍼니*에 대한 미국 법무부의 고소장에 포함된 내용으로는 미국인들을 겨냥한 실제 작전의 아주 일부만 엿볼 수 있을 뿐이다. IRA가 무엇을 했고 그들의 콘텐츠가 실제 어떻게 확산됐는지를 알아보기 위해서 미국 상원 정보위원회는 트위터, 페이스북, 구글이 상원에 제출한 사적인 데이터를 분석하라고 두 연구 집단에게 의뢰했다. 나와 동료들은 이 중 한 연구보고서에 참여하는 영광을 누렸다. 플랫폼들이 제공한 데이터셋dataset은 주요한 메타데이터(그리고 내 생각에는 미국을 겨냥한 IRA 및 다른 러시아 기관들의 더 많은 프로파간다 사례들)를 빠뜨리고 있었지만, 플랫폼 경영진의 초기 성명을 훨씬 넘어서는 거대하고 전문적인 여론 공작을 보여주었다. 이 공작이 얼마나 많은 영향을 미쳤을지 명확히 수치화하는 것은 불가능하다. 또한 동시에 이 공작이 팬시 베어의 작업과 결합하여, 선거의 분위기와 여론에서 무대 중심을 차지하는 이슈를 결정하고 선거를 둘러싼 미디어 보도를 결정하는 중요한 원인이 되었다는 것을 부인하는 것도 불가능하다. 그럼에도 이 모든 것이 투표 결과에 부분적으로나마 영향을 미친 것만은 확실하다. 이는 2016년 미국 대선의 정당성에 대한 의문은 물론 선거 전후에 포착됐던 외국 세력의 개입에 대한 우려로도 이어졌다.

그런데 그 작전들이 대체 어떤 모습이었나? 과연 이러한 여론 공

---

*shell company. 실제 경제 활동을 하지 않는 회사 또는 외형은 유지한 채 핵심 사업을 전환한 기업으로 불법자금 조성이나 조세 회피 수단으로 활용되기도 한다.

작은 어떻게 얼마나 깊이 스며들어 있었을까?

　미국 대선 초기부터 IRA의 여론 공작은 모든 대형 플랫폼과 심지어는 몇몇 중소형 플랫폼들을 겨냥했다. IRA 작전의 증거는 페이스북, 인스타그램, 트위터, 유튜브는 물론, 구글 플러스, 바인, 갭Gab, 미트업Meetup, 브콘탁테, 라이브저널LiveJournal, 레딧, 텀블러Tumblr, 핀터레스트Pinterest, 미디엄, 심지어 포켓몬 고PokemonGo에서도 모습을 드러냈다.[40] IRA(및 IRA의 하위기관 혹은 러시아 정부에 하청 받은 다른 단체)가 운영한 웹 사이트, 블로그, 친러시아 '싱크탱크' 저널은 말할 필요도 없다. 이런 IRA의 온라인 네트워크는 실제 수십 명이 글과 밈을 올리고 그 글을 공유하거나 댓글을 다는 방식으로 마치 '정교한 인터넷 마케팅 기관처럼 운영'되었다. 동료들과 내가 미국 상원 정보위원회 보고서에서 썼던 것처럼, 이는 "페이스북 경영진이 처음에 주장했던 10만 달러짜리 페이스북 광고를 훨씬 넘어서는 것이었다. 광고는 훨씬 더 넓고 자생적으로 운영되는 여론 공작의 작은 부분에 지나지 않았다."[41] 프로젝트 라흐타의 전체 예산은 250만 달러를 초과했고,[42] 그 예산의 대부분은 광고가 아니라 자체 콘텐츠를 창작하는 직원들에게 지불되었다. IRA의 '전문가'들이 정성 들여 만든 가짜 인물과 단체의 계정과 페이지들은 자체 제작한 트윗, 포스트, 밈, 영상, 이벤트 등을 빠짐없이 공유했다. 전반적으로 선거를 전후로 IRA가 만든 콘텐츠들을 페이스북에서 1억 2,100만 명, 인스타그램에서 2,000만 명, 트위터에서 140만 명의 미국인이 보았다. 결코 작은 규모가 아니었다.

　IRA가 대체로 봇넷botnet으로 알려진 자동화 계정 네트워크를 운영하지 않았다는 것에 주목할 필요가 있다. IRA 직원들은 매일 일정하게 포스트, 댓글, 공유, 좋아요의 목표치를 채워야 했다. 주로 허위로 만든 인물 계정들을 사용해서 "프로파간다를 보통 사람의 일반적인 의견처럼 보이도록 매끄럽게 엮어 넣으려고"[43]했다. 그래서 IRA는 미국의 시간대(미 법무부 기소장 내용 참고)에 맞춘 교대 근무제를 시행했고, 전문가들이 많은 관심과 참여를 유도하는 컨텐츠를 생산하도록 동기를 부여하기 위한 상벌 체계도 운영했다.[44] IRA 전문가들은 훨씬 더 실제 미국인처럼 보이려고 해시태그 게임을 했고[45] 상당한 분량의 비정치적인 콘텐츠를 포스팅했다.

프로젝트 라흐타는 친트럼프 반클린턴 메시지들을 허공에 쏘아 올리고 청중들에게 잘 도착하길 바라는 수준을 훨씬 넘어서는 일이었다. 사실 IRA의 선거에 관련된 포스트는 페이스북 콘텐츠 중 7%, 인스타그램 콘텐츠 중 18%, 트위터 콘텐츠 중 6%밖에 차지하지 않았다.[46] 오히려 IRA는 나와 동료들이 **미디어 신기루**media mirage라고 부르는 것(기만적이고 상대를 조종하는 내용의 메시지로 다수의 서로 다른 공동체들을 타깃하는 거짓되고 서로 연결되어 있으며 다양한 플랫폼에 기반한 미디어 지형)을 만드는데 주력했다.[47] 이 '신기루'는 상당 부분 비정치적인 콘텐츠를 포함하고 있었고, 콘텐츠가 정치적일 때에는 구체적 인물보다는 각기 다른 공동체 구성원들의 열정을 불러일으키는(혹은 감소시키는) 사회 분열을 초래하는 현재 이슈들에 주로 집중했다. 이 신기루는 보수 성향의 사람, 진보 성향의 사람, 그리고 흑인이라는 세 가지 일반적인 공동체 분류와 더불어 분리주의자 텍사스 주민, 민주적 사회주의자, 복음주의 기독교인 등 더 세부적인 하위 분류들을 집중해서 겨냥했다. 그들은 진실된 정보와 가짜뉴스, 솔직하지 못한 대화, 그리고 가장 중요하게는 밈을 활용한 신기루를 만들어 대상을 공략했다.

IRA는 미국의 여러 공동체들을 공략하기 위해 온라인은 물론 미국 현지에서도 철저히 준비했다. (디지털 마케팅 회사가 하는 것처럼 사용자의 참여 통계에 기반한 메시지 전달 방법을 지속적으로 개선했다.) IRA는 당연히 러시아의 목적에 부합하는 내용이지만, 각 공동체에 맞춤형으로 만든 구체적 메시지를 보냈다. 예를 들어 IRA는 이민과 총기 소유권에 대한 불필요한 두려움을 일으키는 내러티브, 기독교적인 영감을 주는 내러티브와 클린턴의 부패의 심각성을 다뤘다. 보수 성향의 미국인들이 당장 뛰쳐나와서 민주당과 중도 후보들에 반대표를 던지는 열정을 불러일으킬만한 내용들이었다. 한편 진보 성향의 미국인들에게는 클린턴의 부패, 샌더스를 공정하게 대우하지 않은 민주당 전국위원회의 비민주적인 경선 과정, 클린턴을 나쁜 페미니스트라고 낙인찍는 상호교차성 페미니즘*처럼 클린턴 지지자들을 미온적이게 만들

---

*intersectional feminism. 1989년에 이 용어를 처음 사용한 킴벌리 크렌쇼Kimberlé Crenshaw는 상호교차성 페미니즘을 '다양한 형태의 불평등이 함께 작동하고 서로를 악화시키는 방식을 확인하는 프리즘'이라고 정의한다. 개인은 인종, 젠더, 계급 등 복수의 사회적 정체성을 가지고 있기 때문에 각각의 정체성으로 인한 차별과 억압 역시 중첩된다는 점에 주목하는 것이다. 차별이 형성되고 중첩되는 역사적인 맥락과 구조를 중시하며 모든 종류의 불평등이 사라지는 것을 목표로 삼기 때문에, 여성이 아닌 약자들(예: 동성애자 남성)이나 기존의 페미니즘에서 옹호하지 않는 여성들(예: 이슬람의 복장 규율을 준수하려는 여성)과도 연대한다.
클린턴은 전통적으로 남성 중심이었던 공적인 제도에 여성이 더 많이 진출하여 여성도

거나 제3당을 찍거나 기명 저항 투표를 하도록 격려함으로써 열정을 감소시키는 내러티브로 공략했다. 그리고 흑인을 타깃해서는 민주적인 과정 일반에 대한 관심과 애정을 잃게 만들고 경찰의 잔혹 행위 혹은 거대 양당의 인종주의적 경향에 관한 비통함을 불러일으키는 비관적인 내러티브를 가지고 공략했다. 궁극적인 목표는 트럼프에게 투표하도록 격려하는 것이었고, 만약 진보적 미국인이 트럼프에게 투표하도록 만드는 것이 불가능하다면 민주당 지지자들과 민주당에 투표하는 경향이 있는 인구 집단들의 투표율을 떨어뜨리려 했다. IRA는 후보자들을 직접적으로 언급하는 포스트보다는 전반적으로 사회적, 정치적 내러티브를 통해서 이 목표를 추구했다.

이 내러티브 대부분이 (우연히도 러시아의 목적과 일치하는 긍정적인 미국의 미덕이 아니라) 불신과 불안에 관한 것이라는 점을 주목하자. 물론 관심과 참여가 높은 애국주의 계정과 친기독교 계정이 있긴 했지만, 전반적으로 이 계정들은 다른 맥락에서 외부자에 대한 공포나 분노와 결합되면 공작에 활용될 수 있는 내부자-외부자 프레임을 만드는 것에 집중했다. 예를 들어 많은 친기독교 계정은 클린턴이 악마의 현신이라는 밈을 만들고, 2016년 대통령 선거는 악마와 예수 사이의

남성만큼 잘할 수 있다는 것을 증명하려 했던 1960~1970년대의 자유주의적liberal 페미니즘의 영향을 받았고 실제로 그 대표적인 성공 사례로 볼 수 있다. 이로 인해 제도 중심적이고 젠더 갈등 위주의 관점에서 탈피할 필요가 있다는 비판을 받았다. 특히 클린턴이 여성이기는 하지만 백인 중산층이기 때문에 보다 중첩적인 차별을 경험하고 있는 흑인 하층민 여성들의 경우 클린턴과 자신을 동일시하기 어렵다는 점을 지적한다.

성전聖戰이라는 프레임을 만들었다.[48] 애국주의 계정은 반이민, 반무슬림, 반LGBTQ, 혹은 '전통적인' 미국적 가치에 반하는 것으로 해석될 만한 모든 것에 대해 반대하는 콘텐츠들을 위한 초석을 다졌다. 이 부정성은 두 번째 목표의 일부였다. 미국 사회에 분열과 불신을 조장하고, 사회 전반에 불화의 불씨를 남기는 것이다. 누가 선거에서 이기는지와 상관없이 미국인들이 더 분열되고 국내 문제 해결에 골몰하게 되면, 미국이 NATO 동맹국들과 협력해서 러시아의 지정학적 목적에 위협이 될 가능성이 줄어들기 때문이다.

이것이 2016년 대선 이후에도 IRA의 작전이 끝나지 않은 이유다. 2017년 초반에 러시아의 여론 공작이 밝혀진 뒤 트위터와 페이스북은 관련 계정을 차단하기 시작했지만 IRA의 인스타그램 활동은 오히려 증가했다. 확실히 여론 공작은 주요 플랫폼에서 계속됐지만 플랫폼 회사가 제공한 데이터에 따르면, 2017년에 특히 인스타그램에서는 흑인과 반트럼프 성향의 사람들을 대상으로 사회적 불안을 조장하는 콘텐츠가 증가했다.[49] IRA는 보수 성향의 미국인을 대상으로는 반클린턴과 친트럼프, 그리고 (플랫폼에서 러시아 계정이 차단되기 시작하자) 인터넷 검열에 반대하는 내러티브를 가지고 공략했다. 진보 성향의 미국인을 대상으로는 선거 과정에 대한 불만을 조장하며 신거인단 폐지를 주장하는 내러티브를 이용했다. 전반적으로는 러시아의 선거 개입과 트럼프 선거 운동 본부의 공모에 대한 로버트 뮐러가 주도하는 수사를 신뢰할 수 없다는 반특검 프레임으로 모든 사람들을 공략했다.

지금은 어떤가?

상원 정보 위원회 보고서의 결론처럼, "미국은 가까운 미래에도 러시아의 개입을 지속해서 마주하게 될 것으로 보인다."[50] 2016년 선거 개입 여파로 미국 대상 IRA 주요 자산들은 차단되었고 러시아와 미국의 정치적 유착관계와 관련 인물들, 쉘 컴퍼니들도 기소되었다. 이로 인해 미국에서 높은 수준의 여론 공작을 수행하는 것이 이전보다 어려워졌다. 그러나 불가능해진 것은 아니다. 나와 동료들은 러시아에서 2018년 미국 중간 선거를 겨냥하여 만들어진 온라인 프로파간다를 소셜 미디어에서 계속해서 관찰하고 있다.[51] 아직은 그것이 얼마나 효과적인지 확실하지 않지만 사라지지 않은 것은 명백하다. 이런 온라인 프로파간다 외에도 미국 상원의원 클레어 매캐스킬Claire McCaskill의 (성공적이지 못한) 재선 운동도 러시아 군사정보국에 의해 해킹당한 것으로 추정된다.[52] 러시아 정부가 영어로 운영하는 《RT》와 《스푸트니크》와 같은 언론매체 이외에도 러시아 정부와 연결된 수많은 블로그와 '저널들'이 인터넷에는 넘쳐난다. 그리고 아직까지는 러시아처럼 연구자들의 직접적인 조사를 받은 것은 아니지만, 러시아의 지정학적 동맹인 이란 역시 허위조작정보로 온라인 여론 공작을 실행하고 있음이 확인되었다. 게다가 2016년 영국의 브렉시트 국민투표에 러시아가 개입한 것으로 의심되는 정황이나, 2017년 프랑스 대선 당시 에마뉘엘 마크롱Emmanuel Macron 캠프를 타깃한 해킹 작전에 대해서도 제대로 다뤄지지 않았다.

적어도 현재까지는 이것이 뉴 노멀New normal이다.

요약

이 장에서는 러시아가 오래된 냉전의 전장들에서 소셜 미디어를 기반으로 펼친 정보 전쟁에 대해 상세히 살펴보았다. 러시아는 크림반도와 동부 우크라이나에서의 군사 작전을 펼치기에 앞서 이를 지원하려는 목적으로 다양한 온라인 플랫폼을 활용해 여론 공작을 벌였다. TV와 온라인에서 두려움을 부추겨서 스웨덴(그리고 핀란드)과 NATO 우방국들이 협력하여 러시아의 에너지 산업을 위협하는 것을 방해하려고 했다. 그리고 러시아 군사정보국과 IRA의 작전은 2016년 미국 민주주의 과정의 안정성과 그에 대한 신뢰를 저하시키고 트럼프를 미국 대통령으로 선출하려고 했다.

또한 이 공작은 서구의 중대한 미덕이라 일컬어지는, 언론의 자유와 출판의 자유, 개방성, 기술적 진보를 먹잇감으로 활용했다. 한편으로는 온라인에서 사실과 허구를 구분하는 것을 어렵게 만드는 인지적 한계, 부족주의tribalism, '타자'에 대한 두려움이라는 인간의 근본적인 약점을 먹잇감으로 삼았다. 이러한 약점들은 기술의 발전만큼 사회 제도가 빠르게 따라가지 못한다는 현실과 함께, 우리가 앞으로도 오랫동안 온라인 프로파간다 문제를 다뤄야 한다는 것을 의미한다.

이는 단지 NATO 회원국들과 구 소련 공화국들만의 문제인 것이 아니라 전 세계적인 문제다. 수많은 집단들이 국내외에서 자신의 이익을 위해 타인을 조종하려고 온라인 미디어를 사용하고자 한다. 그리고 정보 기술만이 아니라 민주주의조차 아직 생소한 나라에서는 이러한 온라인 프로파간다가 민주주의 발전에 필수적인 자유로운 언론과 정보의 유통에 더욱 위협이 된다.

이것이 바로 다음 장의 주제다.

6장

글로벌 사우스에서의 루머와 봇, 제노사이드

새로운 기술은 그 자체로 좋지도 나쁘지도 중립적이지도 않다. 다만 새로운 기술은 인간의 의사소통과 정보 공유 방식을 바꾸어 공동체의 사회적 구조를 돌이킬 수 없이 변화시킨다. 공동체가 이미 사회적 변화와 긴장을 경험하고 있다면, 새로운 기술은 불에 기름을 끼얹는 일이 될 뿐이다. 새로운 방식으로 정보에 접근하게 되면서 긍정적인 사회적 변화가 일어날 수도 있지만 동시에 소셜 미디어 같은 도구들은 무기로 돌변할 수도 있다. 새로운 기술과 새로운 사회적 구조가 만나면 사회는 매우 불안정해지고 불확실해질 수 있다. 이런 상황은 글로벌 사우스* 전역에서 전개되고 있으며, 이는 외국이 간섭하는 경우보다 훨씬 많다.

---

*Global South. 라틴 아메리카, 아시아, 아프리카, 오세아니아 지역을 널리 칭하는 용어로, 주로 소득수준이 낮고 정치적, 문화적으로 주변화된 지역을 의미하는 '제3세계Third World'나 '주변부periphery'와 유사한 용어다. 단순히 경제 개발 정도나 문화적 차이를 드러내는 것을 넘어서 그러한 차이를 만들어 내는 구조인 지정학적인 권력 관계를 강조하는 관점을 반영한다.

디지털 혁명

> 디지털 기술은 아이디어와 스토리를 저장하고 유포하는 능력, 서로 연결되고 대화하는 방식, 소통 가능한 사람과 관찰 가능한 대상, 그리고 접촉 수단을 감독하는 권력 구조를 바꾼다.[1]

소셜 미디어 같은 디지털 플랫폼이 사회적이고 정치적인 구조를 어떻게 변형시키고 우리가 그 구조들과 어떻게 상호작용하는지에 대한 제이넵 투펙치Zeynep Tufekci의 논의는 위의 한 문장으로 정리할 수 있다. 이렇게 생각해 보자. 자동차가 발명되기 전에 사람들의 활동 범위는 지금보다 좁았고, 일하는 곳, 예배 드리는 곳, 아이들이 교육받는 곳, 먹을 음식이 자라는 곳은 모두 가까이에 있었다. 그러나 이제는 자동차, 트럭, 버스, 기차, 비행기가 있으니 더 이상 이런 곳과 가까이에서 살 필요가 없다. 어떤 사람들은 더욱 멀리 나가 살고 어떤 사람들은 여전히 직장 근처에서 살지만, 식량을 공급하는 농장은 대체로 멀리 떨어져 있다. 나의 부모님과 조부모님은 모두 같은 마을에서 나고 자랐다. 부모님은 조부모님이 그랬던 것처럼 바로 옆 마을에 있는 고등학교에 진학했다. 내가 한 마을 건너에 있는 고등학교에 다녔을 때, 나는 부모님과 조부모님의 모교에 대항하는 육상 경기에 출전하기도 했다. 하지만 대학에 진학하면서 살던 주에서 벗어났고, 중서부 출신의 남자인 나는 뉴 잉글랜드 출신의 여자를 만나서 결혼했다. 우리는 거의 미국 전역을 돌아다니며 살고 있으며 심지어 아이들은 서로 다른 주에서 태어났다.

산업 기술이 도입되고 그것을 지탱하는 기반이 구축되면서 점진적으로 사회적 구조와 인간 관계에 상당한 변화가 일어났다.[2] 디지털 기술의 도입도 유사한 역할을 하고 있는데, 차이가 있다면 단지 더 빠르다는 점이다. 나 같은 사람들에게 그 변화는 1,000마일(약 1,600킬로미터)을 떨어져 살더라도 가족들과 연락하고 지낼 수 있다는 것을 의미했다. 동시에 여러 국가를 이동해야만 하는 경력을 추구할 수 있다는 것을 의미했다. 다시 학교로 돌아가(고 학비를 내)지 않고도 직업을 바꿀 수 있도록 온라인으로 전문성을 쌓을 수 있다는 것을 의미했다. 내가 A주에 있는 회사에서 일하는 동안에 내 배우자가 B주에서 경력을 이어갈 수 있다는 것을 의미했다. 이런 점에서 디지털 혁명은 나와 내 가족에게 주요한 패러다임의 변화였다.

하지만 다른 많은 사람들에게 혁명은 디지털 영역에만 국한된 것이 아니었다.

사회적 구조를 변화시키는 기술의 힘에 대해 앞서 인용한 투펙치의 글은 주로 아랍의 봄(2011년에 수많은 독재 정부를 전복시키고자 북부 아프리카와 중동에 걸쳐서 일어났던 저항의 물결)에 관해 쓴 것이다. 이전에도 튀니지와 이집트 등지에서 중대한 정권 교체 시도들이 여러 차례 있었지만 대부분 실패했다. 하지만 2011년에는 혁명이 아랍 세계 전체를 휩쓸었다. 2011년에는 뭐가 달랐을까?

아랍의 봄 이전에는 사람들이 **다원적 무지**pluralistic ignorance(다른 사람들이 당신에게 동의한다는 것을 모른다는 단순한 이유 때문에 당신 혼자서만 그렇게 생각한다고 느끼는 것) 상태에 살기 쉬웠다. 정부가 대중 매체를 통제하고, 사람들이 소수의 신뢰할 수 있는 친구와 가족들 앞에서 말고는 발언하는 것을 두려워할 때, 현재 상태에 대한 당신의 불만에 공감하는 수백만 명의 사람이 더 있다는 것을 모르기 쉽다. 하지만 디지털 기술, 특히 소셜 미디어는 이 상황을 바꾸었다. 투펙치의 말대로, "페이스북 덕분에 아마도 역사상 처음으로, 인터넷 사용자들이 전자 혁명 초대장을 받고 '예'라고 클릭할 수 있었다."[3]

이것이 바로 2011년에 이집트에서 일어났던 일이다. 2010년 크할레드 사이드Khaled Said라는 한 남성은 이집트 경찰들이 이른바 '마약 단속의 전리품을 나눠 먹는' 상황을 영상으로 찍어서[4] 널리 공유했다. 6월 6일, 그는 이 일로 경찰서 구류 중에 사망했다. 많은 사람들은 사이드가 경찰의 부패를 폭로하여 경찰에게 보복을 당해 죽었다고 믿었다. 7월 19일 한 명의 액티비스트가 사이드가 겪은 역경을 알리기 위해서 페이스북 페이지[5]를 만들었다. "우리 모두가 언제든지 같은 운명을 마주하게 될지도 모르기 때문에," 그 페이지의 이름은 "우리는 모두 크할레드 사이드다"였다.[6]

2011년 1월로 가보자. 이집트에서 1월 25일은 휴일이다. 엄밀하게 말하자면 경찰의 명예를 기리는 날이지만 역설적이게도 반정부시위가 자주 일어나는 날이기도 했다.[7] 페이스북 페이지 '우리는 모두 크할레드 사이드다'는 카이로의 타흐리르Tahrir 광장(문자 그대로 번역하자면 '해방' 광장) 시위에 초대하는 이벤트에 관해 포스팅했다. 그 초대장은 바이럴하게 퍼져 나갔고, 결과적으로 수십만 명의 이집트인들이

18일간 이어진 시위에 합류했다. 초기에 무바라크Mubarak 정부는 이를 온라인 클릭티비즘*이라고 무시했다. 하지만 2010년 6월부터 발생한 6개월 간의 온라인 활동은 튀니지에서처럼 사람들이 뛰쳐나오기에 충분할 정도로 상황을 동요시켰다. 이렇게 되자 '다원적 무지'는 사라져 버렸다. 페이스북과 타흐리르 광장 사이에서 변화를 소망하던 이집트 인들은 그들이 혼자가 아니라는 것을 깨달았다. 그들은 무바라크의 퇴진을 요구했다. 무바라크는 더 이상 시위대를 무시할 수도, 달랠 수도, 감금할 수도, 살해할 수도, 없다는 것을 깨닫게 되자 어쩔 수 없이 시위대의 뜻에 따르기로 했다. 시위가 시작된 지 18일만에 그는 군에 권력을 이양했다.[8]

디지털 연결성(특히 페이스북)은 이집트를 영원히 바꾸어 놓았다. 튀니지에서처럼 이집트의 반정부 시민들은 서로를 발견할 수 있었고, 다른 사람들을 더 끌어들일 수 있었고, 정부를 끌어내릴 수 있는 행진을 조직할 수 있었다. 하지만 여기서 이야기가 끝나지는 않았다. 무바라크가 퇴진하자마자 즉시 선거가 실시된 것은 아니었다. 오히려 선거를 실시할 수 있을 때까지 질서를 유지한다는 명목으로 군이 개입했다. 선거는 실시되었지만 정부를 끌어내렸던 액티비스트들은 정당이나 의미있는 투표 블록voting bloc[이해 관계를 같이 하는 유권자들의 연합—옮긴이]을 형성할 정도로 충분히 조직화되지 못했다. 2012년 선

---

*clicktivism. 클릭티비즘은 클릭과 액티비즘의 합성어다. 개인들이 액티비스트의 소셜 미디어 포스트에 '좋아요'를 누르거나 '팔로우'를 하는 등의 방식으로, 자신이 지지하는 대의나 사회 운동 조직을 공식적으로 드러내는 행동을 말한다.

거에서 승리한 무슬림 형제단The Muslim Brotherhood이 타흐리르 시위로 발생한 권력의 공백을 차지했고,[9] 이집트를 보수적인 이슬람 정부로 만들려는 시도를 서둘렀다. 하지만 2011년 1월 25일 무라바크 퇴진 시위에 참여했던 시민들은 이런 시도에 반대했다. 결국 2013년 무슬림 형제단의 무함마드 무르시Mohamed Morsi 정권이 반정부 시위에 부딪치자 그 틈을 타 군부 쿠데타[10]가 일어났다. 결국 무르시 정권은 무너졌고 조기 총선이 실시되어 현 이집트 대통령 엘 시시el-Sisi가 당선되었다.[11]

1월 25일 혁명에서 이어진 혼란으로 한 가지는 아주 분명해졌다. 디지털 연결성이 필연적으로 민주적인 힘은 아니라는 것. 디지털 연결성의 증가로 인해 사회적 구조가 바뀔 수 있을지 몰라도 반드시 평등한 참여, 평등한 대표, 투명한 거버넌스로 이어지지는 않는다는 것이다. 모든 사회가 같은 방식으로 바뀌지도 않는다. 대부분의 아랍의 봄을 겪은 국가들의 경우에 디지털 연결성과 소셜 네트워크는 촉진제 역할을 했다. 이미 존재하던 불만들이 표면 위로 떠오르게 만들었고, 미래의 혁명가들을 모았고, (그 힘을 이해하지 못한 기존 정부 지도자들의 방해를 받지 않고) 액티비스트들이 따라잡을 수 없을 정도로 빠르게 사회적 구조를 뒤집어버렸다. 페이스북의 '마찰 없는frictionless 디자인'[12] 덕분에 혁명이 너무 쉬워져서 아무도 속도를 늦추지 못했고, 그 때문에 공동체를 조직하고 정당을 구성하고 미래를 위한 계획을 세우는 등의 필수적인 일들은 하지 못했다.

이것이 전 세계에서 반복적으로 관찰되는 패턴이며 글로벌 사우스에서는 더 강렬하게 일어나고 있다. 이집트, 브라질, 미얀마 어디든지 간에 신생 민주주의와 새로운 기술은 예측하기 어려운 조합이 될 수 있다. 사회적 격변과 정치적, 민족적 갈등을 경험한 사람들에게 언론의 자유와 스마트폰을 동시에 쥐어 주면, 결과는 잘해봐야 예측 불가 상태다. **모든 사람이 최선의 의도를 가지고 행동할 때에도 그렇다.** 하지만 만약 그렇지도 않다면 결과는 재앙이 된다.

결국 소셜 미디어와 디지털 연결성은 어떤 사탕이 나올지 모르는 뽑기 기계와 같다. 외국의 행위자가 개입되지 않은 상황에서도 마찬가지다. 새로운 기술은 그 자체로 선하지도 악하지도 중립적이지도 않다. 모든 기술은 특정한 행동 유도성과 한계를 가진다. 기술 자체가 가치 판단적인 것은 아닐지라도, 특정한 사회적 효과로 흐르는 경향이 있다. 어느 사회가 이미 사회적 갈등과 격변 상태에 놓여 있다면 그 효과는 종종 더 극적이고 예측하기 어려운 것이 될 것이다. 사회 변화와 급속한 기술 수용이 거의 동시에 일어난 많은 나라들에서, 기술은 좋은 쪽으로든 나쁜 쪽으로든 (어쩌면 어느 정도는 양쪽 모두로) 사회를 완전히 바꾸어 놓았다.

브라질의 봇

브라질의 정치 지형은 다사다난하고 분절되어 있고 불안정하다. 브라질은 1985년에서야 겨우 독재에서 벗어난 젊은 민주주의 국가다. 2014년 기준으로 상하원에 28개의 원내 정당이 있는 브라질에서는 집권당이 다른 정당과 연합하지 않고 통치하는 것이 거의 불가능하다.* 이렇다보니 2014년 지우마 호세프Dilma Rousseff 대통령이 재선에 성공했을 때처럼, 불편하고 심지어 재앙적이라 평가되는 연정이 구성된 경우도 있었다. 호세프는 2010년 대통령 선거에서 연정을 추진하면서 다른 정당의 미세우 테메르Michel Temer를 부통령 러닝메이트로 지명했다. 그러나 2014년 재선 이후 즉각적으로 호세프에 대한 탄핵 요구가 나오자 테메르는 야당에 동조했다. 2016년에 호세프가 탄핵되자 테메르는 차기 대통령이 되었다. 실제 브라질 시민들이 호세프의 대통령 자격에 대해 제기했던 실질적인 문제들이 있었던 것은 사실이지만, 대중의 감정을 흔들어 탄핵을 성공시킨 데 있어 소셜 미디어 봇의 역할은 중요했던 것으로 보인다.

소셜 미디어 위주로 퍼지는 여론 공작은 브라질 정치의 주된 요소가 되었다. 물론 브라질에서 허위조작정보를 소셜 미디어에 퍼뜨리고 이에 대한 금전적 대가를 지불하는 선거 운동은 불법이다. 소셜 미디어를 통한 모든 선거 운동은 자동화로 운영하지 않고 실제 사람이 관

---

*브라질의 선거 제도는 한 선거구에서 두 명 이상의 당선자를 선출하는 대선거구제이며, 각 정당이 제시한 명부에 속한 후보에게 투표를 하면 득표율에 따라서 정당별 의석이 배분되고 개인 득표 순위에 따라서 당선자가 최종 결정되는 개방형 명부 비례대표제다. 게다가 최소한의 득표율을 확보한 정당에 한해서만 의석을 배분하는 봉쇄 조항도 없기 때문에, 수십 개의 원내 정당이 난립하고 어떤 정당도 절대 다수를 확보하지 못하는 극단적 다당제 현상이 발생한다. 그러므로 다수 대표제 선거 제도 하에서 양당제가 고착화된 미국 대통령이 여당의 지지만으로 국정 운영에 어려움이 없는데 비해, 브라질 대통령은 의회 내 과반의 의원을 지지세력으로 확보하기 위해 여러 야당에게 장관직을 배분하는 연립 내각을 만들어야만 한다.

리해야 한다고 법으로 규정하고 있다.[13] 그러나 이 법을 집행하는 것은 어려움을 넘어서 불가능한 수준이다. 소셜 미디어 봇과 온라인 허위조작정보 유포는 크게는 대선, 작게는 지방선거에 이르기까지 많은 선거 운동의 핵심적인 부분이다.

2014년 대선에서 지우마 호세프는 물론 그의 경쟁자였던 아에시우 네베스Aecio Neves 역시 선거 운동과 상대방 비방을 위해 소셜 미디어 봇을 사용했다. 댄 아르나우도Dan Arnaudo에 따르면 네베스는 호세프보다 더 광범위하게 봇을 사용했다.[14] 호세프가 승리하자 호세프를 반대하던 봇은 대부분 사라지지 않고 남아서, 즉시 호세프의 탄핵 캠페인에 합류했다. "온라인 선거운동은 절대로 끝나지 않았고 이 네트워크는 탄핵에 대한 지지를 끌어 내는 주요한 도구가 되었다."[15] 한술 더 떠서 호세프의 당선으로 호세프의 소셜 미디어 조직이 행정부에 편입되어 엄격한 제한과 감시를 받게 된 것도 친탄핵 네트워크에 유리하게 작용했다.

봇은 다양한 효과를 가져올 수 있다. 물론 때로는 이 효과가 아주 미미하거나 거의 없을 수도 있다. 들어 줄 사람들이 없다면 가장 활동적이고 전염성이 강한 봇도 그냥 허공에 '소리를 지르고' 있을 뿐이다. 2018년 현재를 기준으로 자동화 봇의 남용을 막기 위해 플랫폼들은 (계정을 삭제하지는 않더라도) 예방 조치들을 취하고 있다. 일례로 트위터는 공격적으로 봇을 삭제하고, 새로운 계정이 '진짜' 사람인지 확인하기 전까지는 검색 결과에 뜨거나 '인기 트렌드'에 게시되는 것을 막고 있다. 페이스북의 경우에는 자사의 응용프로그램 프로그래밍 인터

페이스로 할 수 있는 작업의 범위를 오히려 줄여버림으로써 개발자가 자동화하는 것을 더욱 어렵게 만들었다. 그러나 2014년에는 플랫폼에 들어가는 문이 지금보다 더 활짝 열려 있었고 포스트, 댓글, 리트윗과 공유, 좋아요와 즐겨찾기를 자동화하여 대규모로 운영하기 쉬웠다. 이 때문에 작전 세력이 자동화 기술을 이용해 페이스북 뉴스피드의 알고리즘 콘텐츠 선택과 트위터의 실시간 '인기 트렌드'를 점령할 수 있었다. 아르나우도가 언급하듯이, 트위터에서 "(호세프의 탄핵과 관련해) 가장 리트윗이 많이 된 메시지들은 봇이 만들어 낸 것이었다."[16]

자동화 봇과 온라인 프로파간다 활동이 브라질 선거와 탄핵 결과에 얼마나 많은 영향을 미쳤는지를 정확하게 수치화하는 것은 불가능하다. 그러나 가장 많이 공유된 콘텐츠에 대한 관여의 수준과 (불법인데도 불구하고) 지속적으로 선거자금이 투입된 점을 고려하면, 그 영향력이 사소하지 않았던 것은 분명하다. 트위터의 트렌드, 페이스북의 뉴스 추천, 유튜브의 자동 재생이 사용자가 보게 될 콘텐츠에 중대한 영향을 끼친다. 조작된 결과가 이후 알고리즘 분석의 입력값으로 사용되면 직접적인 영향력은 작았더라도 결과는 더욱 악화될 수 있다. (3부의 알고리즘 피드백 루프 논의를 떠올려 보라.)

필리핀에서 '무기가 된' 페이스북

선거를 위해 만들었던 온라인 프로파간다 조직이 선거 후에도 개편되어 지속된 일이 브라질에서만 일어난 것은 아니다. 필리핀 시민들은

2016년 5월 대선 이후 로드리고 두테르테Rodrigo Duterte의 강력한 소셜 미디어 프로파간다 선거 운동 조직이 새로운 대통령 행정부의 주요 부문이 되는 것을 지켜보았다.

두테르테는 불리한 상황에서 선거 운동을 시작했다. 전통적인 미디어에 지출하는 홍보 금액이 후보의 경쟁력에 대해 의미하는 바가 있다면, 두테르테는 경쟁자들에 비해서 그런 데 쓸 만한 선거 자금은 부족했다. 대신에 그에게는 강력한 온라인 선거 운동 조직이 있었다. "제한된 캠페인 자금 때문에 소셜 미디어 공간을 활용하는 데 있어 창의성을 발휘해야만 했기"[17]때문에, 두테르테의 팀은 온라인 위주로 운영됐다. 그들은 페이스북이 선거에 앞서서 대선 후보들에게 제공하는 '트레이닝 세션'을 활용했다. 인구보다 스마트폰 수가 더 많고 인터넷을 사용하는 인구의 97%가 페이스북을 하는 나라에서,[18] 페이스북을 능숙하게 다루는 것은 선거 운동원의 필수 자질이었다.

닉 가부나다Nic Gabunada가 이끄는 두테르테의 소셜 미디어 팀은 수백 명의 자원봉사자들로 구성되어 있었다. "그것은 탈중심화된 캠페인이었다. 각각의 그룹은 자기만의 콘텐츠를 만들었지만, 캠페인 내러티브와 그날의 핵심 메시지는 중앙에서 결정한 후 실행을 위해 아래로 내려 보냈다."[19] (이는 같은 해 러시아가 미국을 대상으로 한 공작에서 썼던 전략과 비슷하다.) 특히 두테르테 지지자들이 올리는 콘텐츠는 단순히 정책적인 입장이나 순수한 지지 선언이 아니었다. 많은 지지자들이 두테르테를 비난하는 사람들에게 폭력을 행사하자고 부르짖었다. 2016년 3월에 지지자들은 두테르테에 반대하는 소수의 학생들에게 온라인으로 폭력, 심지어 살해 협박을 가하는 일도 서슴지 않았다.[20] 저널리스트 마리아 레사Maria Ressa(《래플러Rappler》의 창업자)는 이를 '능지처참death by a thousand cuts' 전략이라 불렀는데, 다수의 사용자들이 온라인에서 비평가들을 지속적인 협박으로 압도해 침묵시켰기 때문이다.[21]

두테르테가 대통령이 되자 문제는 더욱 악화되었다. 로렌 에터 Lauren Etter는 이렇게 썼다. "2016년 5월에 당선된 이후로 두테르테에게 페이스북은 무기가 되었다. 두테르테가 승리하도록 추잡하게 싸웠던 페이스북의 선거 운동원들은 말랑카낭 궁전Malacanang Palace 안으로 들어갔다."[22] 가부나다는 다른 《래플러》의 저널리스트에게 "두테르테는 '달랑 40%를 득표'했고 두테르테가 효율적으로 통치하려면 더 많은 지지가 필요했기 때문에 [선거 후에도] 캠페인을 지속할 필요가 있었다"고 말했다.[23]

이건 트위터를 하는 대통령이나 대통령의 메시지를 증폭시키는 봇보다 훨씬 더 많은 것을 함축하고 있었다. 그것은 두테르테의 권력을 강화하고 정치인이든 저널리스트든 두테르테의 반대 세력들을 침묵시키려는 목적으로 잘 조정된 미디어 전략의 일부분이었다. 선거가 끝나자마자 두테르테는 어떤 독립적인 저널리스트들과도 이야기하기를 거부하고 오직 국가가 통제하는 미디어를 통해서만 프로파간다를 밀어붙이면서 민영 미디어를 2개월 간 보이콧했다. 동시에 친두테르테 트롤과 꼭두각시 계정들은 정부를 비판하는 독립 저널리스트들을 공격했다. 이 사실을 폭로한 마리아 레사가 〈프로파간다 전쟁Propaganda

War〉이라는 기사를 내보냈을 때, 레사는 즉각 친두테르테 트롤들에게 필리핀을 떠나라는 요구와 강간, 살해 위협을 포함한 수많은 공격을 받았다. 레사는 두테르테의 선거 이후로 "누군가가 페이스북에서 경찰이나 정부를 비난하면 즉각적으로 공격을 받았다"[24]고 말했다.

에터에 따르면, 두테르테 행정부는 단순히 시스템을 '해킹'했거나 페이스북의 타겟 광고 기능을 활용한 정도가 아니었다. 페이스북은 대선 캠페인에 트레이닝 세션을 제공했을 뿐만 아니라, 선거 이후에도 "새로운 행정부와의 파트너십을 심화하기 시작했다."[25] 이게 예외적인 사례는 아니었지만 "[페이스북이] 전세계의 정부들을 위해서 하는 것은 …… 정부들이 플랫폼의 잠재력을 최대한 활용하여 최선의 이용 방법을 채택하게끔 고객 맞춤형 서비스를 제공하는 것이다." 에터는 이어서 이렇게 썼다.

두테르테는 독립적인 언론들이 대통령 취임식이 열리는 리잘 홀에 들어와 생중계하는 것은 금지했지만, 페이스북에서 스트리밍하는 것은 허용했다. 그래서 전 세계의 필리핀 사람들은 마치 현장에 참석한 것처럼 새로운 스트롱맨 strong man의 취임식 전후 이벤트를 관람할 수 있었다.

페이스북은 이후에 두테르테를 비판하는 사람들에게 행해지던 즉각적인 트롤링을 일정 부분 막긴 했지만, 두테르테 정권 하에서 독립 저널리스트에 대한 공격은 지속되고 있다. 2018년 11월에 필리핀 정부는 《래플러》를 탈세 혐의로 고발한다고 발표했고, 《래플러》는 이를

'언론 협박과 탄압'으로 규정했다.[26] 이 문제가 금방 해결될 것 같지는 않아 보인다.

미얀마에서 권력을 강화하는 방법

두테르테 행정부가 페이스북을 자국민에 대한 무기로 사용하는 유일한 정부는 아니다. 최근 진행된 수사를 통해 미얀마 군부가 소수민족인 로힝야족Rohingya에 대해 대규모 정보 작전을 수행했다는 사실이 발각되었다.

미얀마에서 폭력과 억압은 새롭지 않다. 미얀마는 신생 유사 민주주의 국가다. 미얀마는 오랫동안 독재자들이 통치해 왔고, 억압적인 정부나 신뢰성 없는 국영 언론은 이 나라에서 낯설지 않다. 또한 다수의 불교도들과 1982년 하룻밤 새에 시민권을 잃어버린 무슬림 소수민족인 로힝야족 사이에는 긴 폭력의 역사가 있다.[27]

로힝야족은 오랫동안 정부로부터 법적 차별을 받았고, 종교와 민족 정체성을 공유하지 않는 다른 미얀마 사람들로부터 폭력을 당해 왔다. 미얀마의 불교도들은 교육, 노동, 법적인 지위에서 로힝야족에 대한 차별을 영속화하는 데서 그치지 않고, 종종 승려들이 주도하는 가운데 주기적으로 행진을 하면서 로힝야족에 대한 혐오 발언을 쏟아냈다. 이 행진은 자주 로힝야족을 살해하는 것으로 끝나기도 했다.

폭력의 규모가 크고 로힝야족만을 타깃으로 한다는 점에서 세계적인 인권 감시 기구들은 반로힝야 폭력을 제노사이드로 규정한다.[28]

미얀마에도 프로파간다의 '풍부한 역사'가 있다. 티모시 매크로플 린Timothy Mclaughlin은 "미얀마는 수십 년 동안 국영 프로파간다 신문에 의존했다"고 분석했다.[29] 신문과 라디오, TV와 인터넷과 같은 대중 매체 기술이 발달하면서 미얀마 정부는 미디어 배급의 주요 통로들을 통제해 왔다. 오늘의 미얀마 사람들은 인생을 통틀어서 정보를 얻는 통로가 오직 두 가지밖에 없다고 생각하며 살아왔다. 하나는 독재 국가의 국영 언론이었고 다른 하나는 지역에서 떠도는 루머와 헛소문이었다. 미얀마 주재 미국 대사였던 데릭 미첼Derek Mitchell은 "미얀마는 루머로 운영되는 나라"라고도 했다.[30] 페이스북의 의뢰로 수행한 인권 영향 평가에서도 2013년 즈음까지의 미얀마는 "루머로 가득찬 사회"라고 평하며 인식을 같이 했다.[31]

이 모든 일이 스마트폰, 페이스북, 인터넷이 등장하기 전에 이미 발생하고 있었지만 그 와중에 디지털 기술이 보급되자 불에 기름을 부은 것처럼 상황이 악화되었다.

지난 십 년 동안 미얀마에서는 두 가지 중요한 것이 변했다. (대부분의 미얀마 사람들에게는 기본적으로 페이스북을 의미하는) 인터넷이 보급되었고, (부분적으로) 대의 민주주의가 도래했다.

미얀마를 통치했던 군사 정부는 2011년에 해체되었지만 진정한 의미에서 최초의 공개 선거는 2015년에 실시되었다.[32] 많은 미얀마 사람들이 2015년에 이미 인터넷을 할 수 있었지만, 이 선거 이후부터 정부의 언론 검열과 온라인 발언 통제가 완전히는 아니더라도 상당히 줄어들기 시작했다. 자유로운 발언에 대해 오랫동안 존재했던 제한들이 줄어듦과 동시에 디지털 기술이 확장되었지만, 미얀마의 일반 국민들은 인터넷 같은 공개된 정보 환경에서 길을 잃지 않기 위해 필요한 미디어 리터러시*와 디지털 리터러시를 갖추고 있지 않았다. 그리고 "인터넷을 사용하는 2천만 명의 미얀마 시민 대다수에게 페이스북이 인터넷 그 자체"[33]였기 때문에, 미디어 리터러시의 부족은 페이스북에서 가장 심각하게 느껴졌다.

부정적인 결과는 미얀마의 불교도와 무슬림 사이에서 처음으로 드러났다. 새로이 표현의 자유를 얻게 되고 어떤 메시지든 널리 확산시킬 수 있는 플랫폼을 사용할 수 있게 되면서, 집단 간의 해묵은 적대감이 악화된 것이다. 그리고 로힝야족에 대한 차별의 어떤 측면들은 이미 법으로 만들어졌을 정도로 공고했기 때문에 인터넷 연결이 늘어나면서 무슬림에 대한 억압은 더욱 촉진되었다. 브루킹스 연구소의 보고서에 나오듯이 "권위주의적 통제와 언론 검열의 갑작스러운 후퇴는 인터넷의 급속한 확장과 휴대폰의 보급과 더불어 로힝야족에 대한 온라인 혐오 발언과 외국인 혐오 민족주의라는 오수汚水에 수문을 열어준 꼴이었다."[34]

혐오 발언과 그로부터 유발되는 물리적 폭력은 초기에도 꽤 알려진 문제였다. 소셜 미디어가 촉발한 폭력의 첫번째 흐름은 2014년에 일어났다. 매크로플린은 "페이스북이 없었다면 그 폭동들은 일어나지

---

*media literacy. 독해력을 뜻하는 리터러시가 미디어와 합쳐진 합성어로 주로 쌍방향 소통이 가능한 디지털 기기로 전달되는 다양한 미디어를 이용자가 이해하고 평가하고 활용하는 전반적인 능력을 칭한다.

않았을 것"이라고 한다.[35] 정부를 무너뜨린 아랍의 봄 시위처럼, 미얀마에서 사람들 간의 연결성이 증가함에 따라 중요한 지점에서 긴장이 고조되고 2014년에 대규모의 폭동이 일어났다. 또한 매크로플린에 따르면 페이스북은 2014년 폭동 전에 잠재적으로 폭력으로 이어질 수 있는 혐오 발언들을 대상으로 "적어도 두 번 직접적으로 경고"했다. 하지만 페이스북은 결국 이 모든 것이 미얀마에서 그들의 사업이 확장될 수 있는 기회라고 여겼기 때문에 플랫폼에서 부상하는 혐오 발언과 그 것이 '현실'에서 폭력으로 이어질 수 있다는 가능성을 가볍게 취급했다. 2013년에 휴먼 라이츠 워치Human Rights Watch도 페이스북에서 부상하는 혐오 발언의 심각성에 크게 관심을 두지 않았다. 대다수의 사람들이 디지털 기술과 관련해 떠올리는 인권 이슈는 디지털 기술에 대한 접근을 늘리는 것과 그로 인한 사회적, 교육적, 경제적, 정치적 이익을 누리는 것이었다.

물론 실제 벌어진 일은 이와 달랐다. 미얀마 국민들은 국영 프로파간다와 동네 루머 공장이라는 조합에 너무나 익숙했기 때문에 소셜 미디어를 국영 매체를 대체하는 균형 잡힌 대안 저널리즘의 통로로 이용하지 않았다. 오히려 정보 경제에서 정보를 생산하고 유통하며 활약하던 사람들이 소셜 미디어라는 새로운 무대로 이동했다. 다시 말해서 페이스북을 자신들에게 익숙했던 동네 루머 공장의 대규모 버전으로 만들어버렸다. 뿌리 깊은 사회적, 정치적, 종교적 갈등이 가득한 이 나라에서 허위조작정보와 단순허위정보가 늘어나고, 나아가 현실의 물리적 폭력에도 기여하는 혐오 발언이 만연해진 것은 그다지 놀랍지 않은 결과였다.

디지털 리터러시의 부족, 루머를 믿고 퍼뜨리는 경향, 뿌리 깊은 민족적 갈등을 배경으로 이전부터 미얀마 군부는 자국민을 대상으로 여론 공작을 벌였다.

로힝야족에 대한 폭력을 부추겼던 루머와 혐오 발언들이 불교도들에게서만 나온 것은 아니었다. 그 중 다수는 미얀마 군부에서 나온 것이다. 폴 모주르Paul Mozur가 《뉴욕 타임즈》에 보도한 것처럼, 그들은 "5년 전부터 페이스북을 활용해 체계적으로 캠페인"을 했고 "미얀마 군부 인사들은 …… 소셜 네트워크를 인종 청소의 도구로 사용했다."[36] 수백 명의 군부 인사들은 페이스북에 가짜 계정을 만들어 시민들을 감시하고 허위조작정보를 퍼뜨리고 정부를 비판하는 사람들을 침묵시키고 경쟁 집단 사이의 논쟁을 부추기고 로힝야족에 대한 자극적인 내용이 담긴 게시물을 올렸다.

주 무대는 페이스북이었지만, 이 작전은 다양한 측면에서 진행됐다. 미얀마 군부는 자극적인 텍스트에 더해 이미지, 밈, 페이스북 메신저의 디지털 행운의 편지를 포함한 일대일 메시지를 사용했다. 이 작전에서 두드러지지 않는 한 가지는 자동화다. 미얀마에는 필리핀에서처럼 봇이 존재하지 않았다. 말 그대로 트롤 부대가 디지털 꼭두각시 계정을 수단으로 실시간 정보 전쟁을 벌였다. 러시아의 IRA가 2016년 미국 선거에서 수행한 공작과 유사한 것은 단지 우연의 일치가 아니다. 러시아가 미얀마 군부의 작전에 개입했다는 증거는 없지만 미얀마 군부 장교가 러시아에 가서 정보 전쟁 전술을 공부했다는 증거는

있기 때문이다.[37]

　이 심리 전쟁 작전에서 군부의 주요 타겟은 로힝야족이었다. 하지만 2017년에 일부 작전은 불교도와 무슬림 모두에게 허위조작정보를 퍼뜨리고 공격의 원인이 상대편에게 있다고 이야기하면서 양측 모두를 공작했다. 모주르에 따르면 "이 작전의 목적은 …… 군부의 보호가 있어야만 해결될 수 있을 것 같은 불안함을 널리 퍼뜨리는 것이었다." 최근까지 국가 권력을 차지했던 군부에게 신생 민주주의는 그 자체로 위협이었다. 군부는 국민들이 일반적으로 디지털 미디어 리터러시가 부족하고 민주적인 표현의 자유를 경험한 적이 없다는 사실을 이용해서 그 취약성을 자국민을 겨누는 무기로 바꾸었다. 그리고 이미 온라인 허위조작정보와 혐오 발언의 희생자였던 로힝야족을 겨냥해 기존에 있던 불에 기름을 부음으로써 21세기의 가장 큰 반인도주의적 범죄 중 하나에 상당히 기여했다.

2018년 라틴 아메리카에서 성공한 선거 공작들

2018년 여름은 라틴 아메리카 정치가 매우 바쁘게 돌아간 시기였다. 콜롬비아와 멕시코에서는 대통령 선거가 있었고, 베네수엘라에서는 선거로 가장한 정치쇼가 펼쳐졌고, 니카라과는 반정부 시위로 벌집이 됐다. 나는 그 여름에 주로 콜롬비아와 멕시코의 선거를 모니터링하면서 넓은 의미에서 라틴 아메리카의 허위조작정보 지형을 연구하고 있었다. 아마도 다른 사례들에서 교훈을 얻은 소셜 미디어 플랫폼들이 허위조작정보 작전을 효과적으로 수행하기 어렵게 (절대 불가능한 건 아니지만) 하는 조치들을 취했기 때문에, (다행히도!) 미국이나 필리핀, 미얀마에서 벌어진 것과 같은 대규모의 여론 공작은 관찰하지 못했다. 그러나 역으로 새로운 트렌드가 등장했다. 특정한 후보자, 정당, 집단에 찬성하거나 반대하는 캠페인을 벌이는 하나의 나쁜 행위자 대신에, 다양한 후보자와 이익집단을 위해서 일하는 소규모 작전들이 많아진 것이다. 일대일 메시지도 또 하나의 두드러진 경향으로, 트위터나 페이스북에서의 소규모 작전들을 설명해 주는 동시에 가까운 미래에 민주주의에 중대한 위협을 제기할 만한 것이었다.

첫 번째로 살펴볼 것은 소셜 네트워크다. 나와 동료들은 2018년 라틴 아메리카의 선거에 관한 보고서에서 다음과 같이 요약했다.

> 우리는 선별한 페이스북 계정분 아니라 트위터에서 핵심적인 키워드를 검색하여 광범위하게 수집한 콘텐츠를 분석했다. 이를 통해 멕시코에서는 아홉 개, 콜롬비아에서는 두 개의 조직된 네트워크들이 특정 정치 후보나 정당에 대해 우호적이거나 반대하는 메시지를 인위적으로 증폭하고 있는 것을 발견했다. 콜롬비아에서 조작된 여론 공작의 규모는 크지 않았지만, 그중 하나는 콜롬비아를 포함해 멕시코, 니카라과, 베네수엘라, 카탈로니아에서 반정부 인식과 행동을 부추기는 등 국제적인 수준에서 움직이고 있었다. 이러한 네트워크의 배후를 찾는 것은 어려웠지만, 몇 개의 책임 있는 계정들을 추적한 결과 적어도 두 개 이상은 외국 세력의 개입을 암시하고 있다.[38]

대부분은 정교하지 못하고 영향력도 거의 없는 자동화된 네트워크였다. 단 48시간만 온라인에서 활동했던 어떤 네트워크는 소셜 미디어 플랫폼이 봇넷을 탐지해서 제거하는 기술이 얼마나 진보했는지 보여줬다. 이는 38개의 트위터 계정으로 이루어진 네트워크였는데 우리가 페이스북에서 추적했던 한 명의 개인이 통제하고 있었다. 각각의 계정은 작은 라이브러리에서 매일 게시물을 선택해서 올렸고 네트워크를 가로지르면서 동일한 수백 개의 복사본을 만들어냈다. 이를 통해 만들어진 메시지는 항상 멕시코 대통령 선거에서 2등을 한 리카르도 아나야Ricardo Anaya에 반대하거나 '엘 브론코El Bronco'라는 별명을 가진 승산이 없는 제3의 후보인 하이메 로드리게스 칼데론Jaime Rodriguez Calderon을 지지하는 내용이었다. 우리는 이 봇넷을 '브론코 봇Bronco Bots'이라고 불렀다.

브론코 봇은 아주 생명력이 짧았다. 우리는 브론코 봇을 발견하자마자 트위터에 보고했고, 트위터는 보고를 받은 지 몇 시간 만에 그 봇넷을 (온라인에 등장한 지 겨우 이틀 만에) 정지시켰다. 우리가 보고했기 때문에 정지된 것인지도 확실하지 않다. 트위터는 2016년 이후로 사용자나 연구자들로부터 받은 보고를 받는 것과 별개로 대량 자동화를 식별하고 계정을 정지하는 작업을 상당히 개선해 왔기 때문이다. 이건 분명히 좋은 일이다. 하지만 브론코 봇과 비슷하게 다양한 후보들을 지지하는 여러 개의 네트워크가 발견됐지만 선거 전에 플랫폼에 의해 활동이 정지된 것은 일부에 불과했다. 2017년 4월 시리아에서 일어난 화학무기 공격이나 같은 해 8월 우파 단결 집회처럼, 실시간으로 진행되는 긴박한 상황이라면 봇과 가짜 계정들은 48시간 내에도 충분히 많은 공격을 가할 수 있다. 특히 자동화 봇이 아니더라도 진짜 사람들이 만들어 내거나 운영하는 계정을 통해 (거짓) 내러티브가 양산되고 있다면 더욱 막기 힘들다. 예를 들어, 우리는 트위터에서 자동화를 사용하여 이미 거짓으로 밝혀진 아냐의 부패에 관한 루머를 담고 있는 유튜브 영상들을 확산시키는 반아나야 네트워크를 발견했다. 이들의 공작은 마지막 대선 후보 토론이 있던 날 저녁과 그 다음 날을 겨냥했다. 관심이 자연스럽게 줄어든 상태에서 계정 정지에 대한 걱정 없이 작전을 수행한 것이다.

라틴 아메리카와 기타 다른 지역에서 반정부 인식을 부추기고 심지어 폭력을 선동하는 더 음흉하고 생명력이 질긴 봇넷들이 생겨났다. 이 네트워크 안의 계정들은 일반적으로 만들어진 지 며칠, 혹은 몇 주만에 작전을 시작했고, 주로 베네수엘라, 콜롬비아, 니카라과의 대중들을 겨냥하여 반정부 메시지가 담긴 유튜브 콘텐츠와 최근에 만들어진 웹 사이트 두 곳의 링크를 들이밀었다.

계정의 프로필은 모두 비슷했고 표기된 위치 정보도 거짓이었다. 어떤 경우는 나라와 도시 간의 연결 자체가 맞지 않았다. 이러한 계정들은 그저 다양한 나라의 다양한 개인이라 주장했지만, 그렇다고 하기에는 종종 빠른 속도로 많은 양의 똑같은 콘텐츠를 올렸다. 이들은 베네수엘라와 니카라과에서 반정부 메시지를 퍼뜨렸을 뿐 아니라, 적극적으로 콜롬비아의 대통령 후보 구스타보 페트로Gustavo Petro를 콜롬비아 무장혁명군Fuerzas Armadas Revolucionarias de Colombia, FARC 테러리스트 조직과 연결시키려고 시도했다. 2016년에 평화협정이 체결될 때까지 콜롬비아 정부와 콜롬비아 무장혁명군은 전쟁 중이었다. 이 봇넷은 페트로가 좌파 정치가였고 평화 협정을 지지했기 때문에 공산주의자나 테러리스트로 묘사되기 쉽다는 점을 악용했다. 결국 페트로는 결선 투표에서 우파 포퓰리스트이자 평화 협정을 비판했던 이반 두케Ivan Duque에게 졌다. 봇넷의 게시물 대부분은 스페인어였지만, 때로는 소수의 영어 트윗이 흘러나오기도 했다. 이 트윗들은 기술 튜토리얼과 미국의 민감한 사회 이슈에 집중하는 웹 사이트 링크를 포함하고 있었다.

때로 이 트윗들은 트위터 자동화 기술과 분석 방법을 알려줬다. 특정한 라틴 아메리카 봇넷의 배후에 있는 개인 혹은 집단은 자신의 위치를 숨기기 위한 조치를 취하고 있었던 것이 분명하다. 실수로 영어로 된 콘텐츠를 포스팅하거나 (스페인 카탈로니아 지방에 사는 사람들을 겨냥한 게시물을 올린 경우처럼) 같은 언어를 사용하지만 다른 지역, 심지어 다른 대륙에 사는 대중을 뭉뚱그려 공략하는 등 그들이 라틴 아메리카 출신이 아닐지도 모른다는 증거도 있었다. 실제로 외국의 여론 공작이었을지 모른다. 하지만 불행인지 다행인지 그 네트워크의 기원이 어딘지 제대로 확인하기도 전에 트위터는 이를 없애 버렸다.

하지만 라틴 아메리카에서 가장 큰 전장은 트위터가 아니었다. 페이스북이나 인스타그램, 유튜브도 아니었다. 페이스북이 소유한 일대일 메시지 플랫폼인 왓츠앱WhatsApp이었다.[39]

왓츠앱은 파일 공유는 물론 문자, 음성, 영상 통화를 암호화된 데이터 연결을 통해 지원하는 메시지 서비스이다. 왓츠앱은 어떤 사람들에게는 페이스북이나 트위터보다 공개적이지 않고 감시도 적은 서비스다. 또 어떤 사람들에게는 와이파이나 데이터 연결을 통해 음성, 영상, 문자를 제공함으로써 통신비를 아끼게 해주는 수단이다. 이유를 불문하고 왓츠앱은 특정 지역, 특히 스페인어를 사용하는 지역에서 점점 더 인기가 높아지고 있다. 페이스북 사용이 줄어들고 트위터가 절대로 인기를 얻은 적이 없는 많은 지역에서, 디지털 공동체가 커지고 정보 공유가 늘어나는 가운데 왓츠앱이 활기를 띠고 있는 것이다. 예를 들어 하버드대학의 니먼 저널리즘 랩Nieman Journalism Lab에 따르면 왓츠앱은 멕시코에서 가장 인기있는 소셜 미디어 플랫폼이다.

왓츠앱 및 (시그널Signal, 페이스북 메신저, 슬랙Slack, 심지어 문자나 이메일 같은) 다른 사적인 메시지 앱들은 허위조작정보 연구자와 팩트체크하는 사람들이 접근하기 어렵다. 왓츠앱은 사용자들 간의 연결성이 높기 때문에 진위 여부가 확인되지 않은 정보가 확산되기 쉽고 심지어 바이럴해지기도 쉽다. 하지만 모든 메시지는 암호화되어 일대일로 오가기 때문에 어떤 집단에서 무엇이 유행인지 확인할 만한 쉬운 방법이 없다.

앞서 살펴본 것처럼 심리학자이면서 루머 전문가인 디폰조와 보르자는 누군가가 자신이 접하게 된 어떤 주장을 믿을지 말지를 정할 때 영향을 미치는 4가지 주요한 요인을 아래와 같이 정리했다.

1. 자신의 기존 입장에 동의하는 주장(확증 편향)
2. 믿을 만한 출처(소셜 미디어에서는 그 주장의 실제 출처가

아니라 그것을 공유한 사람)로부터 나온 주장

3. (지각적 유창성에 기여하는) 반복적으로 마주쳤던 주장

4. 반박이 동반되지 않는 주장 [40]

아마도 왓츠앱 같은 사적인 채팅 앱에서 허위조작정보와 단순허위정보를 물리치는 데 있어서 가장 큰 장애물은 어떤 주장들이 반복적으로 나타나는지(바이럴해지는지), 그 주장들의 출처가 어디인지, 혹은 어떤 청중들에 도달하고 있는지(그리고 그들이 이미 어떤 편견을 가지고 있는지)를 모른다는 점이다. 그래서 팩트체크 하는 사람들도 반박할 필요가 있는 주장이 무엇인지 알기 어렵다. 이 장애물들 때문에 일대일 메시지는 라틴 아메리카 관련 연구자들과 정책 수립자들에게 가장 큰 두려움이다. 감시에 반대한다는 낙서를 길거리 담벼락에서 흔하게 볼 수 있기 때문에, 여전히 페이스북, 인스타그램, 트위터의 인기가 높은 국가들에서도 일대일 메시지와 관련한 두려움이 커지고 있다.[41]

그러나 희망이 없는 것은 아니다. 2018년 멕시코 선거 기간에 나타난 '검증2018Verificado2018' 운동은 왓츠앱 같은 일대일 메시지 앱에서 루머와 단순허위정보를 폭로하고 반박하는 것이 가능하다는 것을 입증했다.

검증2018은 페이스북 저널리즘 프로젝트와 구글 뉴스 이니셔티브의 지원을 받아 《아니말 폴리티코Animal Politico》, 《알 자지라》, 그리고 《팝업 뉴스룸Pop-Up Newsroom》이 공동 작업한 결과물이다. 이들의 목표는 선거와 관련된 거짓 주장을 밝혀내 바로잡는 것이었다. 중요한 것

은 애초에 그 주장이 퍼졌던 플랫폼의 일반적인 사용 방식과 비슷한 방식으로 이 작업을 하려고 했다는 점이다. 멕시코 소셜 미디어 지형에서 왓츠앱이 독점적 지위를 가지고 있었기 때문에, 검증2018은 왓츠앱에서 일어나는 작전들을 견제하는 데 주력했다.

왓츠앱은 개인 간 메시지를 공유하는 일대일 플랫폼이기 때문에, 검증2018은 왓츠앱에서 일대일 단위로 접근하는 방식을 취했다. 먼저 사람들이 입증이 필요한 정보를 보낼 수 있는 계정을 만들었다. 검증2018의 연구자들은 자신들의 연구 결과를 가지고 각각의 질문들에 일일이 대답했다. (같은 주장에 대해 다수의 질문을 받으면 상당한 복사-붙여넣기를 해야 하는) 이런 작업이 플랫폼의 속성에 더 부합했다. 덕분에 사용자들은 그 플랫폼에서 다른 사람들과 상호작용하는 방식과 유사한 방식으로 검증2018과 상호작용할 수 있었다.

그러나 수천 명의 공직자를 선출하는 역대 최대 규모의 선거 시기에 조직적인 허위조작정보 캠페인에 직면하자 복사-붙여넣기의 방식으로는 역부족이었다. 그래서 검증2018은 왓츠앱에서 널리 공유되고 심지어 바이럴해질 수 있도록 홍보하기 위해 팩트체크한 내용을 콘텐츠로 정성 들여 만들었다. 그리고 개별 질문에 답하기 위해 팩트체크한 내용을 하루에도 몇 번씩 계정의 공개 상태에 업데이트했다. 업데이트한 내용은 트윗이나 페이스북 포스트처럼 플랫폼을 가로질러 공유될 수 있었다. 그들은 진실 혹은 거짓 도장이 찍힌 이미지를 밈으로 만들었다. 이런 이미지들은 사용자의 마음속에서 각인된 원래 이미지에 진실 혹은 거짓 평가를 연결시켜서 사용자의 관심과 참여를 촉진시켰기 때문에 간단한 텍스트나 웹 기사 링크보다 더 바이럴하게 공유될 수 있었다. (물론, 웹 사이트에는 더 길고 자세하게 팩트체크한 내용을 게시했다.[42])

왓츠앱에서 단순허위정보와 허위조작정보의 도달 범위와 영향력을 연구하는 것이 어려운 것과 같은 이유로 검증2018이 한 작업의 도달 범위와 영향력을 수치화하는 것도 어렵다. 하지만 검증2018이 복잡하고 루머로 가득 찬 선거 기간 동안 정보 지형에 적지 않은 긍정적인 영향력을 미쳤고, 사적이고 바이럴한 허위조작정보 문제에 대해 지금까지 어느 누구보다 더 많은 진보를 이뤄냈다는 점에 대해서는 이견이 없다. 이러한 공동 작업으로 검증2018은 그 해에 전 세계적으로 의미 있는 활동을 한 디지털 저널리즘에게 수여하는 온라인 저널리즘 어워드Online Journalism Award를 받기도 했다.[43]

일대일로 퍼지는 허위조작정보는 사라지지 않고 있다. 사용자들은 점점 더 프라이버시, 감시, 타깃 광고, 소셜 미디어상의 괴롭힘에 대해 우려하고 있고, 가까운 사람들로만 구성된 작은 집단 사이에서의 사적인 디지털 소통을 선호한다면서 한발 물러서고 있다. 이제 많은 사람들에게 소셜 미디어와의 허니문 기간은 끝났고, 전 세계가 연결되는 것에 대한 환상도 사라져 버렸다. 안전, 보안, 프라이버시가 이 시대의 새로운 표어가 됐다. 이는 한편으로는 루머와 심리전에 덜 노출되는 세상을 의미하지만 다른 한편으로는 이러한 위협들을 추적하는 것이 더 어려워지는 세상을 의미하기도 한다. 이 문제는 전혀 해결되지 않았지만 검증2018과 같은 사례들은 언젠가는 이 문제를 해결할 수 있다는, 우리에게 도움이 될 만한 계획이 조금이나마 이미 준비되어 있을지도 모른다는 희망을 보여준다.

요약

이 장에서는 글로벌 사우스에서 최근 발생했던 온라인 프로파간다 작전들을 알아보았다. 라틴 아메리카부터 북아프리카, 동남아시아에 이르기까지, 소셜 미디어 플랫폼이 어떻게 루머를 증폭하고, 혐오 발언을 주류로 편입시키고, 심리적 여론 공작을 위한 수단이 되는지를 살펴보았다. 몇몇의 경우에 단순허위정보와 허위조작정보는 정치적 운동과 심리적 고통을 부추겼을 뿐만 아니라, 오프라인에서 물리적 폭력을 행사하도록 동기를 부여했고, 심지어 인종 청소와 집단 학살을 선동하기도 했다.

온라인 프로파간다의 문제는 많은 사람들이 인식하고 있는 것보다 더 크고 다양하다. 가짜뉴스, 러시아와 미국의 대안 우파, 또 다른 바논과 머서 집안, 트위터 봇, 그리고 소셜 네트워크 플랫폼보다 더 큰 문제다. 정보가 있는 한 허위조작정보가 있었고 지구상의 어떤 사회도 이 문제로부터 자유롭지 않다. 이것은 전 세계적인 문제이며 기술에 의해 창조된 것이 아니라 기술에 의해 촉발된 인간의 문제다. 따라서 문제를 해결하려면 전 세계적이고 인간적인, 그리고 당연히 기술적인 해결책이 필요하다.

이제 어디로 가야 하는가

정보의 풍요, 인간 인지의 한계, 과도한 데이터 수집, 알고리즘의 콘텐츠 전달 방식, 이 모든 것이 결합되어 우리를 프로파간다와 허위조작정보에 믿을 수 없을 만큼 취약하게 만들었다. 이는 특정 플랫폼과 공동체를 넘어서는 거대한 문제다. 해결책도 마찬가지다. 허위조작정보 문제를 억제하고 인지적 해커들로부터 우리의 마음과 공동체를 지키기 위해서 우리가 개인으로서, 그리고 사회로서 할 수 있는 것들이 존재한다.

프로파간다 문제

6장까지의 내용을 통해 우리를 허위조작정보, 프로파간다, 인지적 해킹에 취약하게 만드는 많은 문제들을 탐구해보았다.

먼저 인지 심리학에 기반한 문제들이 있다. **확증 편향**으로 인해 사람들은 이미 믿고 있는 것과 일치하는 주장은 잘 믿으면서 기존의 세계관에 도전하는 주장에는 마음을 닫는다. 빠른 속도로 끊임없이 변하는 미디어 환경에서 정보를 접했을 때, **주의력 깜박임**으로 인해 비판적 사고 능력은 활동적인 상태를 유지하기가 어려워진다. **점화 효과**로 인해 어떤 관념에 반복적으로 노출되면 그 관념을 처리하고 믿는 것이 쉬워지는데 특히 반복을 인식하지 못할 때 단순한 반복에 대해 취약해진다. 기나긴 진화 과정을 통해 형성된 이 모든 속성들로 인해 디지털 기술의 어떠한 영향 없이도 편견과 고정관념은 더욱 강화되고 증폭되어 왔다.

기술적인 문제들도 있다. 과도한 개인 데이터 수집과 **협업 필터링**이 결합하면 플랫폼은 온라인에서 참여와 관심을 독려하는 미디어를 사용하여 사용자를 정밀하게 타깃할 수 있고 이 과정에서 애초에 타깃의 근거가 되었던 편견이 더욱 강화된다. 타깃 광고는 금전적, 정치적 이익을 위해 누군가를 타깃하려는 사람들에게 사용자 데이터를 ('현실적으로'는 아니더라도) '기능적으로' 제공하게 된다.

사회적인 문제들도 있다. 디지털 기술 덕분에 정보와 사람들에 대한 접근이 급속도로 늘어나면서 우리는 **다원적 무지**로부터 해방되었다. 하지만 공동체 안팎을 돌아다니는 정보의 사회적 함의를 사회학자들이 약한 고리*라고 부르는 개념으로 다룰 준비는 되어 있지 않다.

정보의 풍요와 인지 심리학, 데이터로 만드는 사용자 프로파일링과 알고리즘 콘텐츠 추천이 결합됐을 때(견제되지 않았을 때), 그 결과는 사회에 재앙이 될 수 있다. 더욱이 민주주의와 언론의 자유가 새로운 개념인 국가에는 더욱 그렇다.

허위조작정보는 근본적으로 인간의 문제다. 물론 기술도 하는 역할이 있다. 앞에서 언급한것처럼 **새로운 기술은 그 자체로 나쁘지도 좋지도 중립적이지도 않다.** 각각의 새로운 기술은 인간의 인지적 한계처럼 다른 기술보다 어떤 취약성을 더 두드러지게 만드는 그것만의 **행동 유도성**과 한계가 있다. 그러나 궁극적으로 순수한 기술적인 해결책은 없다. **허위조작정보**는 인간 인지와 인간 공동체의 근본적인 속성(과 한계)에 따라 사람이 사람에게 저지르는 행동이다. 그러니 해결책 또한 어쩔 수 없이 인간이어야 하는 것이다.

물론, 그러니까 간단하게 해결될 것이라고 말하려는 것은 아니다. 기술은 인간 생물학이 진화하는 것보다 훨씬 더 빠르게 변하고 개인들은 사회가 기술에 적응하는 것보다 빠르게 적응하고 있다. 아마도 국회와 정부가 가장 뒤쳐져 있을 것이다. 오늘날 기술을 통치하는 많은 법들이 (적어도 미국에서는) 인터넷이 도래하기도 전에 제정된 것이기

---

*weak ties. 미국의 사회학자 마크 그래노베터Mark Granovetter가 논문 〈약한 고리의 힘 The Strength of Weak Ties〉에서 처음 창안한 단어로 가족이나 친한 친구와 같은 강한 관계보다 상대적으로 약하고 느슨하게 연결된 인간 관계를 뜻한다. 그래노베터는 약한 고리가 강한 고리보다 개인이 알맞은 정보를 구하는데 더욱 도움이 된다고 주장했다.

때문이다.[1] 하지만 아마도 가장 충격적인 것은 이 기술들을 발명한 많은 사람이 그들의 발명품이 범죄에 사용됐다는 사실을 알고 놀란다는 사실이다. 이 기술들을 발명한 사람들이 이 기술들이 가져올지도 모르는 부정적인 결과들을 예상할 수 없었다면, 사용자와 입법자, 그리고 사회는 무슨 수로 그것들을 예상할 수 있겠는가?

해결책은 간단하지 않을 것이고 새로운 기술을 반사회적으로 쓰는 모든 방법을 완전히 예측하고 예방할 수 없을지 모르지만, 그래도 더 나은 세상을 위해 우리가 할 수 있는 일이 있다는 것은 확실하다.

3장에서 편견이 증폭되는 과정을 그린 그림을 떠올려보자. 이 그림은 검색 엔진을 중심으로 그린 것이지만, 알고리즘에 기반해서 사용자에게 콘텐츠를 제공하는 대부분의 플랫폼에 적용된다. 각각의 요소들은 나쁜 행위자들이 이용하거나 해킹할 수 있는 것이 무엇인지를 보여주기도 하지만, 허위조작정보를 막으려는 사람들이 저항할 곳이 어디인지도 보여준다.

예를 들어 미얀마 군부는 기존의 사회적 차별을 이용해서 로힝야족에 대한 폭력을 부추기고, 신생 유사 민주주의 국가에서 질서를 유지하기 위해서는 군이 필요하다는 생각을 사람들에게 심었다. 기존에 존재하는 고정관념을 사용하면서 편견을 더욱 악화시키도록 매체를 활용해 사회적 폭력을 장려하고 증폭시켰다. 그들은 폭력적인 내용을 생산하는 미디어를 직접 운영하면서 기존의 사회적 폭력을 더욱 키웠다. 사용자의 타임라인에 그들의 메시지가 더 자주 보이도록 페이스북의 콘텐츠 데이터베이스에 영향을 미쳤고 폭력 친화적인 메시지로 사용자의 관여를 높이는 콘텐츠를 만들었다. 페이스북의 추천 알고리즘은 사용자 활동 이력과 콘텐츠를 기반으로 하기 때문에 사용자 피드에 뜨는 편견이 반영된 미디어는 계속 증폭된다. 그리고 이 순환이 반복된다.

이와 유사한 편향 증폭 사이클은 4장과 5장에서 살펴본 것과 같이 미국에서 정치적 양극화를 증대시켰다. 다수가 이미 급진화되어 있었다고 볼 수 있는 게이머게이트의 가해자들도 관심과 참여를 얻기 위해서, 희생자의 반응을 보고 싶어서, 혹은 그냥 단순히 '재미로' 이 경쟁적인 게임에 참여했다. 감정, 특히 분노를 가장 강력하게 건드리는 콘텐츠가 더 강한 반응을 이끌어냈기 때문에, 게이머게이터들이 게임에서 '이기려고' 할수록 게이머게이트의 혐오가 때때로 폭발적으로 가속화되었던 것은 당연한 일이다.

사용자들은 자기 자신이나 공동체의 편견을 의식하고 보다 나은 입력값을 제공함으로써 부분적으로 이런 악순환에 반격할 수 있다. 여기서 반격은 선한 의도를 가진 봇을 만들자거나 긍정적이고 영감을 주는 메시지로 구글에 검색어 폭격을 해서 자동 완성 결과를 바꾸자는 것이 아니다. 좋은 의도를 가지고 하는 행동이라도 인위적인 조작은 궁극적으로 사회에 해를 끼칠 것이라고 확고히 믿기 때문이다. 그보다 우리 안에 이미 존재하는 개인적인 편견과 공동체의 편견을 인식하고 우리의 '기본값'과 그것이 대표하는 편견에 저항하는 의식적인 선택을 하자는 것이다.

예를 들어 내 디지털 스토리텔링 수업을 듣는 젊은 유색인 여성은 자신의 블로그 포스트에 넣을 이미지를 고를 때 자신도 모르게 미국적인 이미지의 '기본값'(백인 남성 지향적인 이미지)을 고르고 있다는 것을 인식했다고 한다. 그래서 그는 다음 프로젝트에서 자신의 인구 통계학적인 특성을 대표하는 이미지를 포함시켜서 우리 사회에 실질적으로 존재하는 다양성과 더 일치하는 미디어 환경을 가져오는 데 작은 역할이라도 하기로 결심했다. 기억하자. 이와 같은 (우리 마음과 알고리즘의) 고정관념이 기존의 편견을 강화하는 것이다. 미디어를 생산하고 소비할 때 기본값이 아닌 것을 선택함으로써, 미디어에 관심을 가지고 참여할 때 분명한 목적을 가지고 행동함으로써, 추천 알고리즘에 입력되는 콘텐츠와 사용자 활동의 다양성과 정확성, 나아가 정당성도 높일 수 있다.

그러나 시스템적인 문제에 관한 개별적인 해결책은 이 정도에 그칠 수밖에 없다. 캐시 오닐Cathy O'Neil이 《대량살상 수학무기》에서 밝혔듯이, 희생자를 만들고 불의를 조장하기 위해 사용된 것과 동일한 데이터, 모델, 알고리즘을 활용해서 그러한 불의를 수정하는 방향으로 적극적으로 개입할 수도 있다.[2] 활동가, 플랫폼, 정부는 사용자의 활동 데이터와 콘텐츠 데이터베이스를 사용해서 사회적인 (심지어 무의식적이고 체계적인) 편견이 무엇인지 확인하고, 이를 바탕으로 입력값과 나아가 알고리즘 모델 자체에 변화를 유발할 수 있다. 이런 변화로 기술에 의해 자연스레 발생하는 편향 증폭은 물론이고 이미 존재하던 사회의 편견에 대해서도 대응할 수 있다. 이것이 바로 3장에서 '흑인 소녀'에 대한 검색 결과로 나온 억압적인 이미지들과 '홀로코스트가 발생했는가?' 문제를 수정하기 위해 구글이 한 일이다.

그러나 사회적 불의를 바로잡으려는 기업과 정부의 조치들은 곧바로 검열 논란으로 이어진다. 콘텐츠와 추천 알고리즘에 개입하는 것은 단순히 사용자의 언론의 자유를 희생시켜 프로그래머의 편견을 집어넣는 것일 뿐이기 때문에, 결국 플랫폼은 진실과 언론의 자유에 대해 중립적이지 않은 중재자로 전락한다는 것이다. 이건 매우 실질적인 우려다. 특히 플랫폼이 콘텐츠를 적정하게 관리하려고 시도할 때마다 대체로 실패하는 것을 보면 말이다. 하지만 콘텐츠 추천 엔진이 기본값을 매개로 인간의 고정관념과 상호작용하면서 기존의 사회적 편견을 증폭시키고 그 편견의 증폭이 어떤 공동체의 언론의 자유(그리고 때로는 단순히 생존할 자유)를 제한한다는 사실을 고려한다면, 모든 사람의 생존권과 자유가 존중되도록 알고리즘과 정책을 어떻게 조정해야 하는지에 대해 생각할 수 있는 프레임을 얻을 수 있다. 풀어야 할 문제가 간단하지는 않지만, 아무것도 하지 않으면 문제가 악화되기만 할 뿐이다. (그리고 현재의 데이터는 확실히 그렇게 되고 있음을 보여준다.) 그러니까 우리는 일상적으로 의존하고 있는 기술에 대해 끊임없이 다시 생각하고 다시 실행할 필요가 있다.

2016년 러시아의 활동을 예로 들어보자. 미얀마 군부와 대조적으로 러시아의 활동 대부분은 커뮤니티를 만드는 것으로 시작되었다. 그들은 무해해 보이거나 적어도 내집단 의식을 전형적으로 드러내는 메시지를 공유했다. 그렇게 해서 예수, 참전 용사, 인종 평등, 텍사스, 환경 등을 (현실에서도 그리고 페이스북에서도) '좋아하는' 사람들의 광범

위한 커뮤니티를 형성할 수 있었다. 더 악랄한 공격과 극단화된 메시지는 이 커뮤니티의 사용자 중 일부가 IRA 전문가들이 만든 페이지에 좋아요를 누르고, 계정을 팔로우하고, 포스트에 정기적으로 참여하고 나서야 등장한다. 결과적으로 콘텐츠 추천 알고리즘이 이런 사용자 활동 이력을 기반으로 IRA가 통제하는 계정에서 만들어졌거나 러시아에 우호적인 내용이 담긴 콘텐츠를 더욱 많이 제공하게 되는 **미디어 신기루**, 어떤 점에서는 '커뮤니티 신기루'가 나타난다. 이를 통해 IRA는 미국 대통령 선거가 임박했을 때 친트럼프와 반클린턴, 투표 억제라는 메시지를 가장 강력한 수준으로 퍼뜨려도 받아들일 준비가 된 청중을 확보할 수 있었던 것이다. 또한 IRA 콘텐츠에 관심을 가지고 참여한 사용자들은 그것이 얼마나 실재적이고 개인적인지는 몰라도 우연히 러시아의 이익에 부합하게 된 관점을 가진 실제 미국인들의 콘텐츠도 보게 될 확률이 높아졌다. 그들은 공작 초기부터 기존의 사회적 편향과 개인적 흥미를 강화함으로써 친러시아 메시지에 가장 관심을 보이고 참여할 것 같은 사람들이 (설령 정당한 출처에서 나온 것이라 해도) 그런 콘텐츠를 더 많이 볼 수 있도록 모델을 '해킹'할 수 있었다.

이렇게 IRA는 기존의 사회적 편견을 연구하고 무기화함으로써 특정한 내용을 진심으로 믿고 있는 사람들을 이용해 다른 순진한 미국인들이 그렇지 않았다면 하지 않았을 행동을 하도록 조종할 수 있었다. 포스트나 밈이 사실인지 아닌지와 상관없이 이 점만은 사실이었다. 이것은 허위조작정보에 '조작적인 행동'과 '기만적인 메시지'라는 두 가지 측면이 있다는 것을 분명하게 보여주는 상황이다.

개인이 팩트체크를 아무리 많이 하더라도 이 문제는 해결할 수 없을 것이다. 이것은 무엇보다도 커뮤니티와 플랫폼을 가로질러 장기간 대규모의 데이터 분석을 해야만 보이고 해결되는 행태적인 문제다. 하지만 플랫폼, 정부, 제3자인 연구자들이 대규모의 분석을 수행하고 잘 조정된 인위적인 조작 행동을 하는 계정들을 정지시킬 수 있다면, IRA와 같은 정교한 국가 행위자들은 특정한 공동체 구성원들을 조종해서 스스로의 상황을 정확히 인식하지 못한 채로 그들의 명령에 따르게 할 수 있는 가장 좋은 도구를 잃어버릴 것이다. 이 과정에서 우리는 정보 공간의 온전함을 다시 회복할 수 있을 것이다.

그러나 그 온전함은 쉽게 오지 않는다. 군대나 국가가 지원하는 회사 같이 정교한 행위자들이 펼치는 여론 공작을 마주하고 있다는 점에서 특히 그렇다. 러시아의 작전이 증명하듯이, 허위조작정보는 국제적이고 플랫폼을 넘나들며 사실과 허구를 모두 무기화 한다. 결과적으로 어떤 한 개별 주체가 문제를 해결하는 데 필요한 모든 데이터와 전문 기술을 가지고 있을 수는 없다. 플랫폼들은 서로의 데이터를 가지고 있지 않고, 정보 기관이나 법 집행 기관이 가지고 있는 데이터도 가지고 있지 않다. 그리고 플랫폼에는 정보 기관, 대학, 비영리 싱크탱크처럼 사회문화나 언어 전문가도 없다. 정부는 플랫폼의 데이터를 가지고 있지 않고 (오직 특정한 법적 상황 하에서만 데이터를 수집할 수 있고) 상당한 엔지니어링 경험이 있는 직원도 거의 없다. 그리고 제3자인 연구자들은 종종 다양한 분야의 전문 지식을 골고루 가지고 있지만 플랫폼 데이터에 직접 접근하기는 어렵다. 미국 정부가 9.11 공격 이후 깨달았던 것처럼, 정보를 공유하고 다양한 분야의 전문 지식을 협력적으로 활용하는 것이 정교한 온라인 프로파간다 캠페인을 다루는데 있어서 핵심이 될 것이다. 그리고 점점 더 허위조작정보를 방어할 필요가 늘어나는 가운데, 정부는 자국 시민들을 감시하는 것과 관련해 직면한 법적인 제약과 IT 회사들 간의 경쟁적인 관계를 고려하여 공공-민간 파트너십을 보다 신중하게 조직할 필요가 있다.

나는 무엇을 할 수 있지?

허위조작정보가 대규모 해결책을 요구하는 대규모 문제라는 것은 확실하다. 빠르게 진화하는 문제를 협력적으로 해결하기 위해 플랫폼, 정부, 연구자들이 각자의 역할을 다해야 한다는 것도 분명하다. 하지만 개인들이 할 수 있는 일은 없는 것인가?

개인들이 각자가 좋아하는 플랫폼에서 볼 콘텐츠를 결정하기 위해서 빅데이터 알고리즘이 사용하는 입력값을 바꿀 수 있는 방법은 앞서 이야기했다. 가짜뉴스 그리고 사회적 편견과 양극화를 유발하는 메시지 증폭과 싸우기 위해서 절대적으로 필수적인 자질은 자신이 소비하고 관심을 가지고 참여하고 공유하고 생산하는 것에 항상 주의를 기울여야 한다는 것이다.

비슷하게 개별 알고리즘이 접근할 수 있는 개인 데이터의 범위를 제한할 수도 있다. 어떤 콘텐츠는 오프라인으로 소비하고, 서비스 가입을 위해 여러 이메일 주소를 사용하고, 여러 브라우저를 번갈아 사용하고, 심지어 현금으로 지불하거나 포인트 적립 제도를 거부하여 개인적인 데이터를 한 곳이 아니라 여러 군데에 나누어 보관할 수 있다. 이럴 때 발생하는 문제는 광고가 좀 덜 적절해지고 (이게 진짜 문제이긴 한가?) 정밀 타깃한 메시지를 통한 조작의 효과가 떨어지는 것이다.

하지만 궁극적으로는 네트워크 액티비즘과 집합적인 정치적 행동이 필요하다. 국회와 정부, 플랫폼 경영진들은 프로파간다 문제를 해결하기 위해 개입할 필요가 있다. 그러기 위해서는 그들을 정치적으로, 법적으로, 금전적으로 동기부여해야 한다. 이를 제대로 작동하게 하려면 정부와 기업만 협업할 것이 아니라 우리 모두가 힘을 모아야 한다.

민주주의는 정보를 바탕으로 깊이 생각하고 서로 설득하는 시민들에 의해 작동되기 때문에 자유로운 정보의 흐름이 중요하다. 우리가 소비하는 정보의 온전함을 신뢰할 수 없다면 민주적인 과정 역시도 신뢰할 수 없을 것이다.

나는 다시 한번 언급할 만한 의미가 있는 제이넵 투펙치의 문장을 인용하고 싶다. "디지털 기술은 아이디어와 스토리를 저장하고 유포하는 능력, 서로 연결되고 대화하는 방식, 소통 가능한 사람과 관찰 가능한 대상, 그리고 접촉 수단을 감독하는 권력 구조를 바꾼다."[3] 기술은 권력 구조를 바꾼다. 퍼거슨을 떠올리면 반드시 나쁜 것도 아니고 게이머게이트를 떠올리면 반드시 좋은 것도 아니지만, 절대 중립적인 것도 아니다. 기술이 어떤 결과를 가져올지는 우리에게 달려 있다. 실제 세상이 우리의 이상적 미래상을 닮아갈 수 있게, 우리는 기술을 만들고 실행하고 통제해야 한다.

우리는 너무 자주 수동적이고 대세를 따르고 기술의 행동 유도성이 (더 강력한 동기를 가지고 대개는 나쁜 마음을 먹은 행위자들이 만든 조작이) 우리의 미래를 결정하도록 내버려 둔다. 만약 세계에 긍정적인 발자취를 남기고 싶다면, 역사의 다음 장으로 나아갈 때 더욱 주의를 기울이고 신중하게 생각하고 서로 협력해야 한다. 문제는 금방 사라지지 않을 것이다. 그럴수록 문제가 더욱 악화되는 것을 막고 새로운 기술을 보다 이롭게 사용하도록 노력하는 일을 그만두어서는 안 된다.

옮긴이 후기

언제부터인가 너무 편해서 불편해지기 시작했다. 넷플릭스가 이름도 들어 본 적 없는 영화를 추천해 줬는데 그게 인생영화가 됐을 때. 유튜브에서 홈트레이닝 영상을 자주 봤더니 요가매트와 레깅스를 사라는 구글 광고가 뜰 때. 최근의 시사 이슈에 대해서 나와 생각이 거의 똑같은 사람들이 하는 듣기 좋은 말로만 가득한 페이스북 피드를 볼 때. 처음에는 신기하기만 했던 알고리즘 때문에 소름이 돋기 시작했다. 그리고 이런 불편함에는 이유가 있다는 것이 이 책 1부의 요지다.

주의력 경제에서 우리가 하는 역할을 고려할 때, 무료로 즐거움을 누리면서도 무언가 중요한 걸 뺏기고 있는 듯한 기분이 드는 것은 너무나 당연하다. 우리는 스스로 콘텐츠 소비자라고 믿지만, 더욱 중요한 것은 동시에 주의력 생산자라는 점이다. 우리는 데이터를 제공하고, 기업은 콘텐츠를 주고, 우리는 다시 콘텐츠를 소비하면서 주의력을 제공한다. 그러면 기업은 우리가 제공한 데이터와 주의력을 다른 기업들에게 돈을 받고 판다.

주의력의 위상은 이렇게 높아졌는데, 정작 그 주의력을 통제하는 우리의 뇌는 진화하지 못했다. 조상들은 낯선 것을 경계했기 때문에 살아남았지만, 우리는 물려받은 인지적 특성 때문에 단순한 노출에 취약해지고 메아리방에 갇히고 타자를 혐오하게 되었다. 게다가 콘텐츠 추천 알고리즘은 우리가 제공한 데이터를 기반으로 우리의 관심과 참여를 최대한 확보할 수 있을 것 같은 콘텐츠를 제공하려고 노력하기 때문에, 우리의 인지적 결함은 기술로 해결되지 않고 악화될 뿐이다.

1부가 심리학 실험과 현실 사례들을 통해 주의력 경제에서 인간의 인지적 한계와 콘텐츠 추천 알고리즘이 어떻게 상호작용하며 어떤 결과를 가져오는지를 알려준다면, 2부는 그래서 이 모든 것이 민주주의에 부정적인 영향을 끼치고 있다는 점을 미국과 여러 나라의 현실을 통해 보여준다.

2부를 읽고 나면 데이터가 민주주의를 해킹 혹은 조작한다는 것은 나쁜 의도를 가진 세력이 데이터와 관련 기술을 이용해서 공정한 선거를 방해하는 것이 전부인 것처럼 생각되지만 여기서 한 걸음 더 들어가 그 이상의 의미를 생각해 볼 필요가 있다.

러시아의 정보 기관들처럼 나쁜 의도를 가진 세력이 있는 것은 확실하지만, 그런 세력이 없더라도 문제는 발생한다. 원하는 검색 결과를 제시하기 위한 알고리즘이 편견을 강화하는 것처럼 기술은 중립적인 것이 아니기 때문이다. 그러니까 범인과 범행 수법을 밝혀내는 것도 중요하지만, 어떤 점에서는 범인을 양성하고 범죄를 공모하고 있는 기술을 이해하고 견제하는 것도 중요하다.

더욱이 민주주의를 조작한다는 것은 선거에 개입하는 차원이 아니라 민주주의의 전제를 무너뜨리는 차원에서 진행되고 있다. 민주주의의 전제는 다양하고 정확한 정보를 바탕으로 합리적인 판단과 선택을 하고, 서로의 차이를 인정하고 대화를 통해 해결책을 모색하는 시민의 존재다. 거짓이거나 편향된 정보의 홍수 속에서 주의력이 분산되고 느슨한 상태로 의사 결정을 하는 데이터 시대의 일상에서부터 민주주의의 뿌리가 좀먹고 있는 것이다.

또한 외국의 사례들을 보다 보면 지역과 인물의 이름은 낯설지만 사건의 경과나 의미는 뭔가 익숙하다는 느낌을 받게 된다. '남의 일 같지만 남의 일이 아닌' 이 사례들을 보면서 독자들도 떠올렸음직한, 혹은 떠올렸기를 바라는 우리의 사건들을 몇 가지 나열해 보려고 한다.

우리나라에서도 온라인을 통한 연결성의 증대는 다수가 연대하는 힘이 되었다. '#퍼거슨'은 주류 언론의 침묵을 깨고 대규모 사회운동의 서막을 알렸다는 점에서 '#그런데 최순실은'을, 집회의 현장을 실시간으로 공유하고 보다 많은 참여를 독려했다는 점에서 '#박근혜 퇴진'을 떠오르게 한다. '#나는 크할레드 사이드다'로 인해 이집트 민중들이 정치경제적 불만에 대한 복수적 무지에서 벗어났던 것처럼, '#나는 우연히 살아남았다'로 인해 한국 여성들도 성폭력 경험과 공포의 일상성을 공유하며 연대했다.

그러나 성취의 이면에는 어두움도 짙게 드리워져 있었다. 불법 매크로 프로그램을 돌려 포털의 뉴스 댓글의 (비)공감을 조작하고 유력 정치인과 연을 맺으려 했던 단체가 적발되었고, 보다 이전에는 국정원과 국방부가 정부와 여당 대선 후보에 우호적인 여론을 확산시키기 위한 담당 조직을 만들어 트위터, 커뮤니티, 포털에서 다수의 가짜 계정을 만들고 체계적으로 운용했다는 사실이 밝혀졌다. 한국의 포챈인 일베에서 양산된 밈들을 뉴스기사의 제목과 공영방송의 삽화에서 볼 수 있고, 한국형 게이머게이트 트롤들은 여성 성우와 작가들의 페미니즘 지지 여부를 상시 검열하여 그들을 괴롭히는 것을 넘어 업계에서 퇴출당하게 만든다.

마지막으로 저자가 결론에서 제시하는 구체적인 해결책들이 말하고자 하는 바는 결국 문제가 인간이라면 해결책도 인간이라는 것이다. 플랫폼을 사용하며 느끼는 편해서 불편한 감정이 민주주의를 작동시키는 데 필요한 역량의 감퇴로 이어지지 않도록, 플랫폼의 사용자로서 스스로의 느슨한 데이터 관리 및 콘텐츠 소비 습관을 개선하고, 민주사회의 시민으로서 정부에 더 나은 교육과 규제를 요구해야 한다. 그리고 무엇보다도 주의력을 원하는 방향으로 통제하기 위해 인간과 기술의 한계를 인식하는 것이 중요하다. 이 책을 읽음으로써 이런 변화의 첫 걸음을 내딛을 수 있기를 바란다.

주석

주석의 URL을
웹 페이지로
열람하기
bit.ly/DvDnote

들어가며

1. Josh Mitchell, "Women Notch Progress," *The Wall Street Journal*, published December 4, 2012, www.wsj.com/articles/SB100014241278873237170045781594332208390 20.

2. "Quick Take: Women in Academia," *Catalyst*, published October 20, 2017, www.catalyst.org/knowledge/women-academia. [해당 페이지는 현재 2020년 1월 23일까지 업데이트 되었다.]

3. "Infant Mortality," World Health Organization Global Health Observatory (GHO) Data, accessed February 5, 2019, www.who.int/gho/child_health/mortality/neonatal_infant_text/en/.

4. "Life Expectancy," World Health Organization Global Health Observatory (GHO) Data, accessed February 5, 2019, www.who.int/gho/mortality_burden_disease/life_tables/situation_trends_text/en/.

5. 정확히 몇만 년 전인지에 대해서는 과학자들이 여전히 논쟁중이다. Erin Wayman, "When Did the Human Mind Evolve to What It Is Today?" *Smithsonian Magazine*, published June 25, 2012, www.smithsonianmag.com/science-nature/when-did-the-human-mindevolve-to-what-it-is-today-140507905/.

6. Olivia Solon and Sam Levin, "How Google's Search Algorithm Spreads False Information with a Rightwing Bias," *The Guardian*, published December 16, 2016, www.theguardian.com/technology/2016/dec/16/google-autocomplete-rightwing-bias-algorithm-political-propaganda.

7. Bryan Gardiner, "You'll Be Outraged at How Easy It Was to Get You to Click on This Headline," *WIRED*, published December 18, 2015, www.wired.com/2015/12/psychology-of-clickbait/.

8. Jordan Crook, "62 Percent of U.S. Adults Get Their News from Social Media, Says Report," *TechCrunch*, published May 26, 2016, techcrunch.com/2016/05/26/most-people-get-their-news-from-social-media-says-report/.

9. SINTEF, "Big Data, for Better or Worse: 90% of World's Data Generated over Last Two Years," *Science Daily*, published May 22, 2013, www.sciencedaily.com/releases/2013/05/130522085217.htm.

10. Paul Mason, *Postcapitalism: A Guide to Our Future*, New York: Farrar, Straus and Giroux (2015), p. 7 [폴 메이슨 저, 안진이 역, 《포스트 자본주의 새로운 시작》, 서울: 더퀘스트, 2017.]

1장 주의력을 기울여라

1. Steven Pinker, *How the Mind Works*, New York: W. W. Norton & Company, Inc. (1997), pp. 524-525. [스티븐 핑커 저, 김한영 역, 《마음은 어떻게 작동하는가: 과학이 발견한 인간 마음의 작동 원리와 진화심리학의 관점》, 파주: 동녘사이언스, 2016.]

2. 보다 구체적으로 알고 싶다면 이 책을 참고하라. Jerome H. Barkow, Leda Cosmides, and John Tooby (eds), The Adapted Mind: Evolutionary Psychology and the Generation of Culture, New York, NY: Oxford University Press (1992).

3. 인간의 기초적인 인지 기능은 대부분은 다른 동물 종, 특히 포유류도 공유하는 것이기 때문에 이런 기능들은 수백만 년 전에 공통된 조상이 가졌던 특성일 것이다. 하지만 인간의 발달된 인지 능력 중에서도 다른 영장류들과 공유하는 것들이 있다. 이에 대해서는 다음 책에 아주 매력적으로 자세히 기술되어 있다. Douglas Fox, "How Human Smarts Evolved," *Sapiens*, published July 27, 2018, www.sapiens.org/evolution/primate-intelligence/.

4. 오늘날 인간이 알고 의존하고 있는 인지 기능을 정확히 언제 발달시켰는지에 대해서 과학자들이 여전히 연구하고 논쟁 중이지만, 적어도 5만 년 전에 호모 사피엔스가 언어나 음악 등 높은 수준의 인지 능력을 보유했다는 데 대한 강력한 증거가 있다. Steven Mithen, *The Singing Neanderthals: The Origins of Music, Language, Mind and Body*, London: The Orion Publishing Group, Ltd. (2005), pp. 260-265. [스티븐 미슨 저, 김명주 역, 《노래하는 네안데르탈인: 음악과 언어로 보는 인류의 진화》, 서울: 뿌리와이파리, 2008.]

5. Michael H. Goldhaber, "The Attention Economy and the Net," *First Monday* 2(4), published April 7, 1997, https://firstmonday.org/article/view/519/.

6. Paul Mason, *Postcapitalism: A Guide to Our Future*, New York: Farrar, Straus and Giroux (2015), p. 7 [폴 메이슨 저, 안진이 역, 《포스트 자본주의 새로운 시작》, 서울: 더퀘스트, 2017.]

7. Gordon E. Moore, "Progress in Digital Integrated Electronics," Intel Corporation (1975), p. 3.

8. Cory Doctorow, *Information Doesn't Want to Be Free: Laws for the Internet Age*, San Francisco : McSweeney's (2014), p. 94.

9. Ibid.

10. Michael H. Goldhaber, "The Attention Economy and the Net."

11. Matthew B Crawford, "Introduction, Attention as a Cultural Problem," *The World Beyond Your Head: On Becoming an Individual in an Age of Distraction* (hardcover) (1st ed.), New York: Farrar, Straus and Giroux, (2016), p. 11 [매슈 크로퍼드 저, 노승영 역, 《당신의 머리 밖 세상: 몰입을 방해하는 시대에 대한 보고서》, 파주: 문학동네, 2019.]

12. 케임브리지 애널리티카에 대해 더 많이 알고 싶다면, 다음의 웹 페이지에서 《가디언》의 획기적인 저널리즘을 확인하라. "The Cambridge Analytica Files," www.theguardian.com/news/series/cambridge-analytica-files.

13. Paul Lewis, "'Our Minds Can Be Hijacked': The Tech Insiders who Fear a Smartphone Dystopia," *The Guardian*, published October 6, 2017, www.theguardian.com/technology/2017/oct/05/smartphone-addiction-silicon-valley-dystopia.

14. Greg McFarlane, "How Facebook, Twitter, Social Media Make Money From You," *Investopedia*, last updated March 21, 2014, https://www.investopedia.com/stock-analysis/032114/how-facebook-twitter-social-media-make-money-you-twtr-lnkd-fb-goog.aspx [앞의 링크는 2020년 2월 7일까지 업데이트 되었다.] 이 링크도 참고하라. "How much It costs to advertise on Facebook," Facebook Business, accessed February 6, 2019, www.facebook.com/business/help/201828586525529.

15. Mike Allen, "Sean Parker unloads on Facebook: 'God only knows what it's doing to our children's brains'," *Axios*, published November 9, 2017, www.axios.com/sean-parkerunloads-on-facebook-god-only-knows-what-its-doing-to-our-childrensbrains-1513306792-f855e7b4-4e99-4d60-8d51-2775559c2671.html.

16. Ibid.

17. Cory Doctorow, *Information Doesn't Want to be Free: Laws for the Internet Age*, p. 55ff; 이 자료도 참고하라. Paul Mason, *Postcapitalism: A Guide to Our future*, p. 119

18. Kashmir Hill, "How Target Figured Out a Teen Girl Was Pregnant Before Her Father Did," *Forbes*, published February 16, 2012, www.forbes.com/sites/kashmirhill/2012/02/16/how-target-figured-out-a-teen-girl-was-pregnant-before-her-father-did/.

19. Linda Stone, "Beyond Simple Multi-Tasking: Continuous Partial Attention," Linda Stone (blog), November 30, 2009, lindastone.net/2009/11/30/beyond-simple-multi-tasking-continuous-partial-attention/.

20. Howard Rheingold, *Net Smart: How to Thrive Online*, Cambridge, Mass.: MIT Press (2014), p. 39 [하워드 라인골드 저, 김광수 역, 《넷스마트: 구글, 페이스북, 위키, 그리고 그보다 스마트해야 할 당신》, 파주: 문학동네, 2014]

21. Jacques Ellul, *Propaganda: The Formation of Men's Attitudes*, New York: Vintage Books (1965), p. 61.

22. Ibid., p. x.

23. Ibid., p. xvi

24. Ibid., p. 6.

25. Clay Shirky, "Why Abundance Is Good: A Reply to Nick Carr," Encyclopaedia Britannica Blog, July 17, 2008, blogs.britannica.com/2008/07/why-abundance-is-good-a-reply-to-nick-carr.

26. Howard Rheingold, *Net Smart: How to Thrive Online*. p. 50.

2장 시스템이라는 바퀴의 작은 톱니

1. 이는 클로드 섀넌과 워런 위버가 개발한 '샤논-위버 방정식'에 기반한 것이다. Claude E. Shannon and Warren Weaver, *The Mathematical Theory of Communication*, Urbana, Ill.: University of Illinois Press (1949) [클로드 섀넌, 워런 위버 저, 백영민 역, 《수학적 커뮤니케이션 이론》, 서울: 커뮤니케이션북스, 2016]

2. Alan D. Baddeley, *Human Memory: Theory and Practice*, East Sussex: Psychology Press (1997), p. 29ff [앨런 배들리 저, 진우기 역, 《당신의 기억: 기억을 사용하는 교양인을 위한 안내서》, 고양: 예담: 위즈덤하우스, 2009]

3. Christof Koch and Patricia Kuhl, "Decoding 'the Most Complex Object in the Universe'," interview by Ira Flatow, Talk of the Nation, *NPR*, June 14, 2013, www.npr.org/2013/06/ 14/191614360/decoding-the-most-complex-object-in-the-universe.

4. Alan D. Baddeley, *Human Memory: Theory and Practice*, p. 29ff.

5. Jerome H. Barkow, Leda Cosmides, and John Tooby (eds), *The Adapted Mind: Evolutionary Psychology and the Generation of Culture*, New York, NY: Oxford University Press (1992).

6. James Knierim, "Spinal Reflexes and Descending Motor Pathways," *Neuroscience Online*, University of Texas McGovern Medical School, accessed February 8, 2019, nba.uth.tmc.edu/neuroscience/m/s3/chapter02.html.

7. David Huron, *Sweet Anticipation: Music and the Psychology of Expectation*, Cambridge, Mass.: The MIT Press (2006), p. 26.

8. Patrick Colm Hogan, *Cognitive Science, Literature, and the Arts*, New York: Routledge (2003), pp. 9–11.

9. R. Plomp and J. M. Levelt, "Tonal Consonance and Critical Bandwidth," *Journal of the Acoustical Society of America* 37, published April 26, 1965, pp. 548~560.

10. Jennifer L. Monahan, Sheila T. Murphy, and R. B. Zajonc, "Subliminal Mere Exposure: Specific, General, and Diffuse Effects," *Psychological Science*, 11(6), published November 1, 2000, pp. 462~466.

11. 관련 연구 사례는 다음과 같다. Aniruddh D. Patel, *Music, Language, and the Brain*, Oxford: Oxford University Press (2008); David Huron, *Sweet Anticipation*; Patrick N. Juslin and John A. Sloboda, *Music and Emotion: Theory and Research*, Oxford: Oxford University Press (2001); and the journal, *Music Perception*.

12. Huron, Sweet Anticipation, pp. 53–55.

13. Sasha Geffen, "The iPod May Be Dead, but Those Iconic Ads Still Shape the Way We See Music," *MTV News*, published May 12, 2016, www.mtv.com/news/2879585/ipod-adsin-music-culture/.

14. "2003: Apple Releases its Silhouette Campaign for iPod," *The Drum*, March 31, 2016, https://www.thedrum.com/news/2016/03/31/2003-apple-releases-its-silhouette-campaign-ipod.

15. Erin Richards, "Cognitive Efficiency Determines How Advertising Affects Your Brain," *Science 2.0*, December 9, 2008, https://www.science20.com/erin039s_spin/cognitive_efficiency_determines_how_advertising_affects_your_brain.

16. Donald O. Hebb, *The Organization of Behavior*, New York: Wiley & Sons (1949).

3장 물살을 거슬러 헤엄치기

1. Charles Duhigg, "How Companies Learn Your Secrets," *The New York Times Magazine*, published February 16, 2012, https://www.nytimes.com/2012/02/19/magazine/shopping-habits.html.

2. Safiya Umoja Noble, *Algorithms of Oppression: How Search Engines Reinforce Racism*, New York: New York University Press (2018), p. 18 [사피야 우모자 노블 저, 노윤기 역, 《구글은 어떻게 여성을 차별하는가: 불평등과 혐오를 조장하는 알고리즘 시대의 진실을 말하다》, 서울: 한스미디어, 2019.]

3. "Google and the Miseducation of Dylann Roof," Southern Poverty Law Center, published January 18, 2017, https://www.splcenter.org/files/miseducation-dylann-roof.

4. Carole Cadwalladr, "How to bump Holocaust deniers off Google's top spot? Pay Google," *The Observer*, published December 17, 2016, https://www.theguardian.com/technology/2016/dec/17/holocaust-deniers-google-search-top-spot.

5. Jeff John Roberts, "Google Demotes Holocaust Denial and Hate Sites in Update to Algorithm," *Fortune*, published December 20, 2016, http://fortune.com/2016/12/20/ google-algorithm-update/.

6. "How Search algorithms work," Google, www.google.com/search/howsearchworks/algorithms/.

7. 구글이 당신의 온라인 활동으로부터 당신에 대해 추론한 정보를 알고 싶다면 다음 페이지를 확인해 보라. https://adssettings.google.com/.

8. 특정 개발자나 기업을 거명하고 싶지는 않지만, '페이지에서 사용자의 스크롤을 추적하기 track user scrolls on a page'라고 검색하면 웹 사이트 방문자가 무엇을 스크롤해서 지나쳐 버렸고 무엇을 멈춰서 보았는지를 추적하고자 하는 웹 개발자를 위한 수많은 솔루션이 나온다.

9. '개인화된' 교육 앱에도 마찬가지다. "Knewton Adaptive Learning: Building the world's most powerful education recommendation engine," *Knewton*, accessed July 24, 2017, https://cdn.tc-library.org/Edlab/Knewton-adaptivelearning-white-paper-1.pdf.

10. 이런 유형의 모델은 틴더Tinder같은 행동 기반 데이팅 앱이 아니라 이-하모니eHarmony같은 설문 조사 기반 데이팅 앱에 해당하는 내용이다

11. "How the Matching Algorithm Works," The National Resident Match Program, www.nrmp.org/matching-algorithm/.

12. Albert Au Yeung, "Matrix Factorization: A Simple Tutorial and Implementation

in Python," quuxlabs, published September 16, 2010, www.quuxlabs.com/blog/2010/09/matrix-factorization-a-simple-tutorial-and-implementation-in-python/.

13. 사용자가 '가장 만족할 만한' 예측이라고 말하지 않았다는 점에 주목하라. 이 새로운 경제에서 주의력은 상품이고, 관심과 참여는 화폐다. 취향은 수량화하기가 훨씬 더 어렵기 때문에 광고주에게 이에 대한 요금을 청구하기도 어렵다.

14. Kevin Curry, "More and more people get their news via social media. Is that good or bad?," Monkey Cage, *The Washington Post*, published September 30, 2016, www.washingtonpost.com/news/monkey-cage/wp/2016/09/30/more-and-more-peopleget-their-news-via-social-media-is-that-good-or-bad [해당 링크는 유실되었고, 해당 자료는 여기에서 확인할 수 있다. https://themonkeycage.org/2016/09/more-and-more-people-get-their-news-via-social-media-is-that-good-or-bad/.]

15. Craig Silverman, "This Analysis Shows How Viral Fake Election News Stories Outperformed Real News On Facebook," *BuzzFeed News,* published November 16, 2016, https://www.buzzfeednews.com/article/craigsilverman/viral-fake-election-news-outperformed-real-news-on-facebook.

16. "Political Polarization in the American Public," Pew Research Center, published June 12, 2014, www.people-press.org/2014/06/12/political-polarization-in-the-american-public/.

17. Renee DiResta, "Free Speech in the Age of Algorithmic Microphones," *WIRED,* published October 12, 2018, https://www.wired.com/story/facebook-domestic-disinformation-algorithmic-megaphones/.

18. Drew Olanoff, "Twitter Sees 6% Increase In 'Like' Activity After First Week Of Hearts," *TechCrunch*, published November 10, 2015, https://techcrunch.com/2015/11/10/twitter-sees-6-increase-in-like-activity-after-first-week-of-hearts/.

19. Bianca Bosker, "The Binge Breaker," *The Atlantic*, published November, 2016, www.theatlantic.com/magazine/archive/2016/11/the-binge-breaker/501122/.

20. Nellie Bowles, "Silicon Valley Nannies Are Phone Police for Kids," *The New York Times*, published October 26, 2018, https://www.nytimes.com/2018/10/26/style/silicon-valley-nannies.html.

21. Tom Rosenstiel, Jeff Sonderman, Kevin Loker, Jennifer Benz, David Sterrett, Dan Malato, Trevor Tompson, Liz Kantor, and Emily Swanson, "'Who shared it?': How Americans decide what news to trust on social media," *American Press Institute,* published March 20, 2017, www.americanpressinstitute.org/publications/reports/survey-research/trust-social-media/.

22. Mike Caulfield, "Facebook Broke Democracy, but the Fix Is Harder Than People Realize," Hapgood (blog), published November 10, 2016, https://hapgood. us/2016/11/10/facebook-broke-democracy-but-the-fix-is-harder-than-people-realize/.

23. Prashant Bordia and Nicholas DiFonzo. *Rumor Psychology: Social and Organizational Approaches*, Washington, D.C.: American Psychological Association (2006) [니콜라스 디폰조, 프라샨트 보르디아 공저, 신영환 역, 《루머 심리학》, 서울: 한국산업훈련연구소, 2008]

24. Alexis Sobel Fitts, "We still don't know how to stop misinformation online," *Colombia Journalism Review*, published October 9, 2014, https://archives.cjr.org/behind_the_news/corrections_dont_go_viral.php

4장 퍼거슨 시위와 게이머게이트, 미국 대안 우파의 부상

1. Dylan Byers, "Ferguson Prosecutor Blames the Media," *Politico*, published November 25, 2014, https://www.politico.com/blogs/media/2014/11/ferguson-prosecutor-blames-the-media-199249.

2. DeRay McKesson, Twitter Post, November 24, 2014, 9:20 p.m., https://twitter.com/deray/status/537068182909882368.

3. Jon Swaine, "Michael Brown protests in Ferguson met with rubber bullets and tear gas," *The Guardian*, published August 14, 2014, www.theguardian.com/world/2014/aug/14/ferguson-police-teargas-rubber-bullets-michael-brown.

4. Sarah Muller, "Protesters slam Oprah for suggesting movement lacks leadership," *MSNBC*, updated January 5, 2015, http://www.msnbc.com/msnbc/protesters-slam-oprah-suggesting-movement-lacks-leadership.

5. Shaun King, Twitter Post, https://twitter.com/ShaunKing/status/551109555040829440, 현재는 접속이 불가능하다.

6. Noam Cohen, "U.S. Inquiry Sought in Police Treatment of Press at Ferguson Protests," *The New York Times*, published October 26, 2014, www.nytimes.com/2014/10/27/business/media/-us-inquiry-sought-in-police-treatment-of-press-at-ferguson-protests-.html.

7. Jon Swaine, "Michael Brown protests in Ferguson met with rubber bullets and tear gas."

8. Tierney Sneed, "Amnesty International Blasts Handling of Mike Brown Shooting, Ferguson Protests," *U.S. News & World Report*, published October 24, 2014, https://www.usnews.com/news/articles/2014/10/24/amnesty-international-blasts-handling-of-mike-brown-shooting-ferguson-protests.

9. Dorothy Kim, "The Rules of Twitter," *Hybrid Pedagogy,* published December 4, 2014, http://hybridpedagogy.org/rules-twitter/.

10. Noam Berlatsky, "Hashtag Activism Isn't a Cop-Out," *The Atlantic*, January 7, 2015, www.theatlantic.com/politics/archive/2015/01/not-just-hashtag-activism-whysocial-media-matters-to-protestors/384215/.

11. Ibid.

12. Jon Swaine, "Michael Brown protests in Ferguson met with rubber bullets and teargas."

13. Elle Hunt, "Alicia Garza on the Beauty and the Burden of Black Lives Matter," *The Guardian*, published September 2, 2016, https://www.theguardian.com/us-news/2016/sep/02/alicia-garza-on-the-beauty-and-the-burden-of-black-lives-matter.

14. Noam Berlastsky, "Hashtag Activism Isn't a Cop-Out."

15. "Social Media Fact Sheet," Pew Research Center, published February 5, 2018, www.pewinternet.org/fact-sheet/social-media/.

16. Robert P. Jones, "Self-Segregation: Why It's So Hard for Whites to Understand Ferguson," *The Atlantic*, published August 21, 2014, www.theatlantic.com/national/archive/2014/08/self-segregation-why-its-hard-for-whites-to-understand-ferguson/378928/.

17. Conrad Hackett, Twitter Post, August 20, 2014, 5:59 p.m., twitter.com/conradhackett/status/502213347643625472.

18. Jon Swaine, "Michael Brown protests in Ferguson met with rubber bullets and teargas."

19. Ibid.

20. Zeynep Tufekci, "Algorithmic Harms Beyond Facebook and Google: Emergent Challenges of Computational Agency," *Colorado Technology Law Journal* 13(2), published April 6, 2015, p. 213, accessed from https://ctlj.colorado.edu/wp-content/uploads/2015/08/Tufekci-final.pdf.

21. Alex Kantrowitz, "An Algorithmic Feed May Be Twitter's Last Remaining Card To Play," *BuzzFeed News*, published June 29, 2015, www.buzzfeednews.com/article/

alexkantrowitz/an-algorithmic-feed-may-be-twitters-last-remaining-card-to-p.

22. Ibid.

23. Simon Parkin, "Zoë Quinn's Depression Quest," *The New Yorker*, published September 9, 2014, https://www.newyorker.com/tech/annals-of-technology/zoe-quinns-depression-quest.

24. Noreen Malone, "Zoë and the Trolls," *New York Magazine*, published July 24, 2017, http://nymag.com/intelligencer/2017/07/zoe-quinn-surviving-gamergate.html.

25. Ibid.

26. Kyle Wagner, "The Future of the Culture Wars Is Here, And It's Gamergate," *Deadspin,* published October 14, 2014, https://deadspin.com/the-future-of-the-culturewars-is-here-and-its-gamerga-1646145844.

27. Ibid.; Noreen Malone, "Zoë and the Trolls"; Simon Parkin, "Zoë Quinn's Depression Quest"; Zoë Quinn, *Crash Override*, New York: PublicAffairs (2017).

28. 토론 주제나 그룹 정체성에 따라 조직되는 특정 레딧 커뮤니티의 이름을 말한다.

29. Ben Schreckinger, "World War Meme," *Politico Magazine,* March/April 2017, https://www.politico.com/magazine/story/2017/03/memes-4chan-trump-supporters-trolls-internet-214856.

30. Zoë Quinn, *Crash Override*, p. 10.

31. Kathy Sierra, "Why the Trolls Will Always Win," *WIRED*, published October 8, 2014, www.wired.com/2014/10/trolls-will-always-win/.

32. Zoë Quinn, "August Never Ends," Zoë Quinn (blog), January 11, 2015, http://ohdeargodbees.tumblr.com/post/107838639074/august-never-ends.

33. Zoë Quinn, *Crash Override*, p. 1.

34. Nick Wingfield, "Feminist Critics of Video Games Facing Threats in 'GamerGate' Campaign," *The New York Times*, published October 15, 2014, https://www.nytimes.com/2014/10/16/technology/gamergate-women-video-game-threats-anita-sarkeesian.html.

35. Noreen Malone, "Zoë and the Trolls."

36. Zoë Quinn, "August Never Ends."

37. Briana Wu, "I'm Brianna Wu, And I'm Risking My Life Standing Up To Gamergate," *Bustle*, published February 11, 2015, www.bustle.com/articles/63466-im-brianna-wuand-im-risking-my-life-standing-up-to-gamergate.

38. Noreen Malone, "Zoë and the Trolls."

39. Zoë Quinn, *Crash Override*, p. 115.

40. www.crashoverridenetwork.com.

41. www.briannawuforcongress.com.

42. Ben Schreckinger, "World War Meme."

43. Noreen Malone, "Zoë and the Trolls."

44. Joseph Bernstein, "Alt-White: How the Breitbart Machine Laundered Racist Hate," *BuzzFeed News*, Published October 5, 2017, www.buzzfeednews.com/article/ josephbernstein/heres-how-breitbart-and-milo-smuggled-white-nationalism.

45. "Mike Cernovich," Southern Poverty Law Center, www.splcenter.org/fighting-hate/ extremist-files/individual/mike-cernovich.

46. Kathy Sierra, "Why the Trolls Will Always Win."

47. Dale Beran, "4chan: The Skeleton Key to the Rise of Trump," Dale Beran (blog), published February 14, 2017, https://medium.com/@DaleBeran/4chan-the-skeletonkey-to-the-rise-of-trump-624e7cb798cb.

48. Daniel Benjamin and Steven Simon, "Why Steve Bannon Wants You to Believe in the Deep State," Politico Magazine, published March 21, 2017, www.politico.com/ magazine/story/2017/03/steve-bannon-deep-state-214935.

49. Joseph Bernstein, "Alt-White: How the Breitbart Machine Laundered Racist Hate."

50. Ben Schreckinger, "World War Meme."

51. Ibid.

52. Quinn Norton, "Everything Is Broken," *The Message*, published May 20, 2014, https:// medium.com/message/everything-is-broken-81e5f33a24e1.

53. Zoë Quinn, *Crash Override*, p. 7

5장 러시아의 개입과 신냉전

1. David Mikkelson, "FBI Agent Suspected in Hillary Email Leaks Found Dead in Apparent Murder-Suicide," *Snopes*, accessed January 3, 2019, www.snopes.com/fact-check/fbi-agent-murder-suicide/.

2. Dan Evon, "Was Clinton Campaign Chairman John Podesta Involved in Satanic 'Spirit Cooking'?" *Snopes*, published November 4, 2016, https://www.snopes.com/fact-

check/john-podesta-spirit-cooking/.

3. Amanda Robb, "Anatomy of a Fake News Scandal," *Rolling Stone*, published November 16, 2017, https://www.rollingstone.com/politics/politics-news/anatomy-of-a-fake-news-scandal-125877/.

4. Martin Kragh and Sebastian Åsberg, "Russia's strategy for influence through public diplomacy and active measures: the Swedish case," *Journal of Strategic Studies* 40(6), published January 5, 2017, DOI: 10.1080/01402390.2016.1273830, p. 6.

5. Stephen Blank, "Moscow's Competitive Strategy," American Foreign Policy Council, published July 2018, p. 2.

6. Heather A. Conley, James Mina, Ruslan Stefanov, and Martin Vladimirov, *The Kremlin Playbook*, Lanham: Rowman & Littlefield (2016), p. 1ff.

7. Philip Howard in: "Foreign Influence on Social Media Platforms: Perspectives from Third-Party Social Media Experts," U.S. Senate Select Committee on Intelligence, Open Hearing, August 1, 2018, https://www.intelligence.senate.gov/hearings/open-hearing-foreign-influence-operations%E2%80%99-use-social-media-platforms-third-party-expert.

8. Todd C. Helmus, Elizabeth Bodine-Baron, Andrew Radin, Madeline Magnuson, Joshua Mendelsohn, William Marcellino, Andriy Bega, and Zev Winkelman, *Russian Social Media Influence: Understanding Russian Propaganda in Eastern Europe*, Santa Monica: RAND Corporation (2018), DOI: 10.7249/RR2237, p. 15.

9. Mariia Zhdanova and Dariya Orlova, "Ukraine: External Threats and Internal Challenges," in Samuel Woolley and Philip N. Howard (eds.), *Computational Propaganda*, Oxford: Oxford University Press (2018), p. 47.

10. Todd C. Helmus et al., *Russian Social Media Influence*, p. 104.

11. Mariia Zhdanova and Dariya Orlova, "Ukraine: External Threats and Internal Challenges," p. 55.

12. Todd C. Helmus et al., *Russian Social Media Influence*, p. 9.

13. Mariia Zhdanova and Dariya Orlova, "Ukraine: External Threats and Internal Challenges," p. 51.

14. Martin Kragh and Sebastian Åsberg, "Russia's strategy for influence through public diplomacy and active measures: the Swedish case," p. 8.

15. Neil MacFarquhar, "A Powerful Russian Weapon: The Spread of False Stories," *New York Times*, August 28, 2016, https://www.nytimes.com/2016/08/29/world/europe/russia-sweden-disinformation.html.

16. Martin Kragh and Sebastian Åsberg, "Russia's strategy for influence through public diplomacy and active measures: the Swedish case," p. 16.

17. Ibid.

18. Ibid., p. 9.

19. Jill Bederoff, "Journalist who infiltrated Putin's troll factory warns of Russian propaganda in the upcoming Swedish election - 'We were forced to create fake facts and news'," *Business Insider,* published April 7, 2018, https://nordic.businessinsider.com/ journalist-who-infiltrated-putins-troll-factory-warns-of-russian-propaganda-in-the-upcoming-swedish-election---we-were-forced-to-create-fakefacts-and-news--/.

20. "Russia's growing threat to north Europe," *The Economist*, October 6, 2018, https://www.economist.com/europe/2018/10/06/russias-growing-threat-to-north-europe.

21. Natasha Bertrand, "Maria Butina's Defiant Plea and Yet Another Russian Ploy," *The Atlantic*, December 13, 2018, https://www.theatlantic.com/politics/archive/2018/12/maria-butina-pleads-guilty-russian-agent/578146/.

22. Karen Dawisha, *Putin's Kleptocracy*, New York: Simon & Schuster (2014).

23. Sheera Frenkel, "Meet Fancy Bear, The Russian Group Hacking The U.S. Election," *BuzzFeed News*, published October 15, 2016, https://www.buzzfeednews.com/article/sheerafrenkel/meet-fancy-bear-the-russian-group-hacking-the-us-election.

24. Raphael Satter, "Inside story: How Russians hacked the Democrats' emails," *Associated Press*, published November 4, 2017, https://apnews.com/dea73efc01594839957c3c9a6c962b8a/Inside-story:-How-Russians-hacked-the-Democrats'-emails.

25. "What Illinois Has Learned About Election Security Since 2016," All Things Considered, *NPR*, broadcast September 17, 2018, https://www.npr.org/2018/09/17/648849074/what-illinois-has-learned-about-election-security-since-2016.

26. Ibid.

27. Raphael Satter, "Inside story: How Russians hacked the Democrats' emails."

28. Sheera Frenkel, "Meet Fancy Bear."

29. Raphael Satter, "Inside story: How Russians hacked the Democrats' emails."

30. Ibid.

31. Jeff Stein, "What 20,000 pages of hacked WikiLeaks emails teach us about Hillary Clinton," *Vox*, published October 20, 2016, https://www.vox.com/policy-and-politics/2016/10/20/13308108/wikileaks-podesta-hillary-clinton.

32. Adam Goldman and Alan Rappeport, "Emails in Anthony Weiner Inquiry Jolt Hillary Clinton's Campaign," *The New York Times*, published October 28, 2016, https://www.nytimes.com/2016/10/29/us/politics/fbi-hillary-clinton-email.html.

33. 내가 이 레포트 중 하나를 공동 저술했다.

34. LLC, et al., United States of America v. Internet Research Agency, https://www.justice.gov/opa/press-release/file/1035562/download, p. 12.

35. Ibid.

36. Ibid., p. 13.

37. Ibid., p. 7.

38. Ibid., p. 14.

39. Ibid., p. 17.

40. Renee DiResta, Kris Shaffer, Becky Ruppel, David Sullivan, Robert Matney, Ryan Fox, Jonathan Albright, and Ben Johnson, "The Tactics and Tropes of the Internet Research Agency," *New Knowledge*, published December 17, 2018, https://disinformationreport.blob.core.windows.net/disinformation-report/NewKnowledgeDisinformation-Report-Whitepaper-121718.pdf, p. 5 [앞의 링크는 유실되었고 해당 보고서는 여기에서 확인할 수 있다. https://cdn2.hubspot.net/hubfs/4326998/ira-report-rebrand_FinalJ14.pdf]

41. Ibid., p. 33.

42. Ibid., p. 6

43. Adrien Chen, "The Agency," *The New York Times Magazine*, published June 2, 2015, www.nytimes.com/2015/06/07/magazine/the-agency.html.

44. Ibid.

45. Renee DiResta et al., "The Tactics and Tropes of the Internet Research Agency," p. 13.

46. Ibid., p. 76.

47. Ibid., p. 45.

48. For examples of the most popular Jesus-vs.-Hillary memes, see Kate Shellnutt, "Russia's Fake Facebook Ads Targeted Christians," *Christianity Today*, published November 3, 2017, www.christianitytoday.com/news/2017/november/russia-fake-facebook-election-ads-targeted-christian-voters.html. 몇 가지 밈은 *New Knowledge*에

서 논의되고 발표되고 있다.

49. Renee DiResta et al., "The Tactics and Tropes of the Internet Research Agency," p. 93.

50. Ibid., p. 99.

51. Jonathon Morgan and Ryan Fox, "Russians Meddling in the Midterms? Here's the Data," *New York Times*, published November 6, 2018, https://www.nytimes.com/2018/11/06/opinion/midterm-elections-russia.html

52. Kevin Poulsen and Andrew Desiderio, "Russian Hackers' New Target: a Vulnerable Democratic Senator," *Daily Beast*, published July 26, 2018, www.thedailybeast.com/russian-hackers-new-target-a-vulnerable-democratic-senator.

6장 글로벌 사우스에서의 루머와 봇, 제노사이드

1. Zeynep Tufekci, *Twitter and Tear Gas: The Power and Fragility of Networked Protest* New Haven: Yale University Press, 2017, p. 5.

2. 이 현상이 인류 역사의 다양한 지점들에서 어떻게 나타났는지에 대해 논의하기 위해서는 1장을 확인해보라.

3. Zeynep Tufekci, *Twitter and Tear Gas*, p. 27.

4. Lara Logan, "The Deadly Beating that Sparked Egypt Revolution," *CBS News,* published February 2, 2011, https://www.cbsnews.com/news/the-deadly-beating-that-sparked-egypt-revolution/

5. "We Are All Khaled Said," Facebook page, www.facebook.com/elshaheeed.co.uk.

6. Lara Logan, "The Deadly Beating that Sparked Egypt Revolution."

7. Zeynep Tufekci, *Twitter and Tear Gas*, p. 23.

8. "Timeline: Egypt's Revolution," *Al Jazeera*, published February 14, 2011, www.aljazeera.com/news/middleeast/2011/01/201112515334871490.html.

9. Abdel-Rahman Hussein and Julian Borger, "Muslim Brotherhood's Mohamed Morsi declared president of Egypt," *The Guardian*, published June 24, 2012, www.theguardian.com/world/2012/jun/24/muslim-brotherhood-egypt-president-mohamed-morsi.

10. David D. Kirkpatrick, "Army Ousts Egypt's President; Morsi Is Taken Into Military Custody," *The New York Times,* published July 3, 2013, www.nytimes.com/2013/07/04/world/middleeast/egypt.html.

11. "Egypt election: Sisi secures landslide win," *BBC News*, published May 29, 2014, www.bbc.com/news/world-middle-east-27614776.

12. The Shift, Kevin Roose, "Is Tech Too Easy to Use?," *The New York Times*, published December 12, 2018, https://www.nytimes.com/2018/12/12/technology/tech-friction-frictionless.html.

13. Dan Arnaudo, "Brazil: Political Bot Intervention During Pivotal Events," in Samuel Woolley and Philip N. Howard (eds.), *Computational Propaganda*, Oxford: Oxford University Press (2018), p. 136.

14. Ibid.

15. Ibid., p. 137.

16. Ibid., p. 140. based on Éric Tadeu Camacho de Oliveira, Fabricio Olivetti De França, Denise Goya, and Claudio Luis de Camargo Penteado, "The Influence of Retweeting Robots during Brazilian Protests," paper presented at the 2016 49th Hawaii International Conference on System Sciences (HICSS), Koloa, DOI: 10.1109/HICSS.2016.260.

17. Chay F. Hofileña, "Fake accounts, manufactured reality on social media," *Rappler*, last updated January 28, 2018, www.rappler.com/newsbreak/investigative/148347fake-accounts-manufactured-reality-social-media.

18. Lauren Etter, "What Happens When the Government Uses Facebook as a Weapon?," *Bloomberg Businessweek*, published December 7, 2017, https://www.bloomberg.com/news/features/2017-12-07/how-rodrigo-duterte-turned-facebook-into-a-weapon-with-a-little-help-from-facebook.

19. Maria A. Ressa, "Propaganda war: Weaponizing the internet," *Rappler*, last updated October 3, 2016, www.rappler.com/nation/148007-propaganda-war-weaponizinginternet.

20. Ibid.

21. Ibid.

22. Lauren Etter, "What Happens When the Government Uses Facebook as a Weapon?"

23. Chay F. Hofileña, "Fake accounts, manufactured reality on social media."

24. Maria A. Ressa, "Propaganda war: Weaponizing the internet."

25. Lauren Etter, "What Happens When the Government Uses Facebook as a Weapon?"

26. Alexandra Stevenson, "Philippines Says It Will Charge Veteran Journalist Critical of Duterte," *The New York Times*, published November 9, 2018, www.nytimes.

com/2018/11/09/business/duterte-critic-rappler-charges-in-philippines.html.

27. Krishnadev Calamur, "The Misunderstood Roots of Burma's Rohingya Crisis," *The Atlantic*, published September 25, 2017, https://www.theatlantic.com/international/archive/2017/09/rohingyas-burma/540513/

28. Timothy McLaughlin, "How Facebook's Rise Fueled Chaos and Confusion in Myanmar," Backchannel, *WIRED*, published July 6, 2018, https://www.wired.com/story/how-facebooks-rise-fueled-chaos-and-confusion-in-myanmar/.

29. Ibid.

30. Ibid.

31. "Human Rights Impact Assessment: Facebook in Myanmar," *BSR*, published October, 2018, https://fbnewsroomus.files.wordpress.com/2018/11/bsr-facebook-myanmar-hria_final.pdf, p. 12.

32. Ibid., p. 11.

33. Ibid., p. 12.

34. Brandon Paladino and Hunter Marston, "Facebook can't resolve conflicts in Myanmar and Sri Lanka on its own," Order from Chaos, Brookings, www.brookings.edu/blog/order-from-chaos/2018/06/27/facebook-cant-resolve-conflicts-in-myanmar-and-sri-lanka-on-its-own/.

35. McLaughlin, "How Facebook's Rise Fueled Chaos and Confusion in Myanmar."

36. Paul Mozur, "A Genocide Incited on Facebook, With Posts From Myanmar's Military," *The New York Times*, published October 15, 2018, www.nytimes.com/2018/10/15/technology/myanmar-facebook-genocide.html.

37. Ibid.

38. "2018 Post-Election Report: Mexico and Colombia," *New Knowledge*, accessed December 1, 2018, www.newknowledge.com/documents/LatinAmerica ElectionReport.pdf [앞의 링크는 유실되었고 해당 자료는 여기에서 확인할 수 있다. https://cdn2.hubspot.net/hubfs/4326998/LatinAmericanElectionReport.pdf.]

39. Laura Hazard Owen, "WhatsApp is a black box for fake news. Verificado 2018 is making real progress fixing that." Nieman Lab, published June 1, 2018, https://www.niemanlab.org/2018/06/whatsapp-is-a-black-box-for-fake-news-verificado-2018-is-making-real-progress-fixing-that/.

40. Prashant Bordia and Nicholas DiFonzo. *Rumor Psychology: Social and Organizational Approaches*, Washington, D.C.: American Psychological Association (2006) [니콜라스 디폰조, 프라샨트 보르디아 공저, 신영환 역, 《루머 심리학》, 서울: 한국산업훈련연구소,

2008.]

41. 사적인 채팅 앱에서는 허위조작정보 공작을 발견하기가 더 어렵지만, 연구자들에게 여전히 그 앱이 필수불가결하다는 점을 언급할 필요가 있다. 왜냐하면 연구자들은 서로 소통할 때 프라이버시에 매우 신경 쓰기 때문이다. 이러한 일대일 암호화 메시지 앱들은 특히 정부 권력을 배후에 두고 있는 적의 감시를 피하는 데 중요한 역할을 한다. 2018년 현재 오픈 위스퍼 시스템Open Whisper Systems의 시그널Signal이 보안 연구자, 취약한 액티비스트, 그리고 IT 저널리스트 사이에서 가장 자주 사용되는 암호화 커뮤니케이션 앱이다.

42. Owen, "WhatsApp is a black box for fake news."

43. "AJ+ Español wins an Online Journalism Award for Verificado 2018," *Al Jazeera*, published September 18, 2018, https://network.aljazeera.net/pressroom/aj-espa%C3%B1ol-wins-online-journalism-award-verificado-2018

나가며

1. 인터넷이 등장하기 전에 제정된 주요 미국 법령에는 〈컴퓨터 사기 남용에 관한 법the Computer Fraud and Abuse Act〉(1984), 〈가족 교육권 및 프라이버시에 관한 법the Family Educational Rights and Privacy Act〉(1974), 그리고 실용적인 목적으로 제정된 〈의료정보보호법the Health Insurance Portability and Accountability Act〉(1996)이 있다.

2. Cathy O'Neil, *Weapons of Math Destruction: How Big Data Increases Inequality and Threatens Democracy*, New York: Broadway Books (2017), p. 118 [캐시 오닐 저, 김정혜 역, 《대량살상 수학무기: 어떻게 빅 데이터는 불평등을 확산하고 민주주의를 위협하는가》, 서울: 흐름출판, 2017]

3. Zeynep Tufekci, *Twitter and Tear Gas: The Power and Fragility of Networked Protest*, New Haven: Yale University Press (2017), p. 5.

모든 생각은 질문에서 시작한다
민주사회를 위한 경청, 경청을 위한 책을 만듭니다.

데이터, 민주주의를 조작하다

2020년 10월 28일 초판 1쇄 펴냄

지은이   크리스 샤퍼
옮긴이   김선
편 집   오주연
펴낸이   김애란
펴낸곳   힐데와소피

등록번호   제2019-000059호
주소   서울시 은평구 통일로 684, 서울혁신파크 청년청 302호
이메일   hildeandsophie@gmail.com
홈페이지   hildeandsophie.modoo.at
표지디자인   그래픽 온 텍스트
인쇄   한영문화사

ISBN   979-11-969839-2-5 (03340)

이 도서의 국립중앙도서관 출판예정도서목록(CIP)은 서지정보유통지원시스템 홈페이지
(http://seoji.nl.go.kr)와 국가자료종합목록 구축시스템(http://kolis-net.nl.go.kr)에서
이용하실 수 있습니다. (CIP제어번호:CIP2020009268)